W. BALDAMUS · DER GERECHTE LOHN

Volkswirtschaftliche Schriften

Herausgegeben von Dr. J. Broermann, Berlin

Heft 53

Der gerechte Lohn

Eine industriesoziologische Analyse

Von

Dr. W. Baldamus
Universität Birmingham

DUNCKER & HUMBLOT / BERLIN

Alle Rechte vorbehalten
© 1960 Duncker & Humblot, Berlin
Gedruckt 1960 bei Berliner Buchdruckerei Union GmbH., Berlin SW 61
Printed in Germany

Vorbemerkung

Diese Untersuchung wurde durch Beobachtungen angeregt, die vor einigen Jahren in England gemacht wurden. Als dort die ökonomischen und sozialen Probleme der Vollbeschäftigung im Vordergrund der öffentlichen und sozialwissenschaftlichen Diskussion standen, erhielt auch die betriebs- und arbeitssoziologische Forschung entscheidende Impulse aus der Arbeitsmarktsituation selbst. Da sich gegenwärtig in der Bundesrepublik ähnliche Tendenzen abzeichnen, haben diese englischen Erfahrungen für Deutschland unmittelbar praktisches Interesse. Darüber hinaus kommt dem hier diskutierten Problem der gerechten Verteilung des industriellen Arbeitsprodukts unabhängig vom Beobachtungsmaterial allgemeine Bedeutung zu. — Für die Verdeutschung englischer Fachausdrücke und idiomatischer Formulierungen, sowie für wesentliche Verbesserungen des Manuskripts ist der Verfasser Dr. Christian von Ferber zu großem Dank verpflichtet. Das zum besseren Verständnis der theoretischen Ableitungen im VI. Teil beigefügte Schema der wichtigsten Variablen wurde von Dr. von Ferber auf Grund der Ausführungen des IV. Teils ausgearbeitet.

Wilhelm Baldamus

Inhalt

I. Das Problem der „gerechten" Verteilung des Arbeitsprodukts . 9

II. Beobachtungen über das Verhältnis von Arbeitsmühe zu Arbeitslohn 19

III. Ist die Soziologie zuständig? 35

IV. Das Gesetz der Grenzdisparität 51

V. Grenzdisparität und Vollbeschäftigung 67

VI. Synopsis 79

Schematische Übersicht der wichtigsten Variablen der Arbeitssituation 83

I. Das Problem der „gerechten" Verteilung des Arbeitsprodukts

Es darf als Gemeinplatz gelten, daß die Fruchtbarkeit wissenschaftlicher Forschung von ihren theoretischen Grundlagen abhängt. Erst durch die Formulierung von Theorien oder zumindest durch einen behelfsmäßigen Prozeß des Theoretisierens wird es möglich, die komplizierten Erscheinungen der Wirklichkeit so zu vereinfachen, daß spezifische Sachzusammenhänge hervorgehoben und greifbar gemacht werden können. Es gibt daher zum Nachdenken Anlaß, daß es in den Sozialwissenschaften Bereiche gibt, in denen man offenbar sehr gut ohne auch nur den leisesten Anflug theoretischen Denkens auskommt. Ein treffendes Beispiel hierfür bildet die Betriebssoziologie. Hier liegt heute eine imposante, bereits unübersehbar große Masse empirischer Beobachtungen vor, die Anspruch auf wissenschaftliche Geltung erheben und die dennoch ohne theoretische Grundlagen zustande gekommen sind. Gewiß sind von Zeit zu Zeit vereinzelte Stimmen laut geworden, die das Fehlen theoretischer Werkzeuge beklagt haben. Sie mußten aber gerade deshalb ungehört bleiben, weil es offensichtlich überhaupt keinen Bedarf für solche Hilfsmaßnahmen gab. Wie ist das zu erklären? Auf welche Weise konnte ein so großes und verhältnismäßig einheitliches Wissen angehäuft werden, für das ein theoretisches Fundament nicht vorhanden ist?

Besonders überraschend bei dem Mangel an theoretischen Vorleistungen ist die Einheitlichkeit der Problemstellungen in der Betriebssoziologie. Ihre Vorstellungen lassen sich alle letzten Endes auf Probleme der Produktivität des industriellen Betriebes zurückführen. Dies gilt selbst dann, wenn die Produktionsleistung nicht ausdrücklich im Vordergrund steht. Auch wenn es um solche Dinge geht wie etwa „Arbeitsfrieden", „Effizienz", „informelle Organisation", „Betriebsklima", „Zufriedenheit des Arbeiters", wird die bestmögliche Sicherung des Produktionserfolges als Endziel der Forschung stillschweigend vorausgesetzt. Zum Beispiel wird die informelle Organisation entweder als ein hemmendes oder als ein förderndes Element der ökonomischen Leistungsfähigkeit des Betriebes angesehen, damit aber ist sie auf den Betrieb und auf die Produktivität bezogen. Daran hat auch jene betont dualistische Zielsetzung nichts ändern können, die bereits vor zwanzig Jahren von Roethlisberger und Dickson[1] aufgestellt wurde und seitdem ständig wiederholt worden ist: die Produktivität des Betriebes *und* die seelische Befriedigung der Arbeiter zu steigern. Die „seelische Befriedigung" erwies sich jedoch bei näherem Hinsehen als eine sehr nebelhafte Substanz. Wenn überhaupt, so konnte sie bisher nur als eine mit der „Arbeitsmoral" des Betriebes zusammenhängende Erscheinung beschrieben werden. Damit aber wurde auch sie dem Gesichtspunkt der Produktivitätssteigerung untergeordnet.

Die Einheitlichkeit der produktivitätsorientierten Betriebssoziologie wäre nicht verwunderlich, wenn es so etwas wie eine soziologische Produktivitätstheorie gäbe. Doch da es daran gerade fehlt, so scheint hier eine „unsichtbare Hand" am Werke zu sein, die dafür sorgt, daß alle Untersuchungen wie von selbst auf Probleme der Produktivität (und der Rentabilität) hin angelegt werden. Die verborgene Kraft, die hier automatisch für Ordnung und Kontinuität der Forschung sorgt, bewirkt ferner, daß in erster Linie nur solche Forscher sich der Betriebssoziologie widmen, denen praktische Fragen der Betriebsführung wichtig sind und als Forschungsgegenstände geeignet erscheinen. Sie haben infolgedessen eine ähnliche *Grundeinstellung,* die sie an das Beobachtungsmaterial herantragen, meist ohne sich dessen bewußt zu sein. Ein kaum noch als solches bewußtes Vorurteil tritt damit an die Stelle der Theorie, der es als Ordnung schaffendes Prinzip sogar in mancher Hinsicht überlegen ist. Mühelos erreicht es das, was eigentlich die theoretischen Werkzeuge tun sollten: jene Isolierung, Vereinfachung und Überspitzung bestimmter Aspekte (insbesondere die der Produktivität!), ohne die man der komplexen Wirklichkeit nicht Herr werden könnte. Die Grundeinstellung umfaßt Vermutungen und Hypothesen, Gesichtspunkte und Argumente, in denen sich die Relevanz traditioneller Problemstellungen ausdrückt. Unvermeidlich enthält sie auch unkontrollierbare, stillschweigend eingeführte Voraussetzungen über die praktische oder politische Bedeutung der For-

---

[1] Vgl. F. J. *Roethlisberger* and W. J. *Dickson,* Management and the Worker. Cambridge, Mass. 1939, S. 552 ff.

schungsergebnisse. Damit aber ist sie zugleich eine Funktion bestimmter Werturteile[2].

Das Werturteil, das sich in der Grundeinstellung der Betriebssoziologen verbirgt, ist nicht schwer zu ermitteln. Unter seiner Perspektive erscheint immer nur das als wichtig oder interessant, was mit Produktivität und ähnlichen betriebsbezogenen Fragen zu tun hat. Es ist daher naheliegend, daß der Forscher in seinen eigenen Wertungen dazu neigt, den Standpunkt der Unternehmer, Manager und Arbeitgeber zu vertreten[3]. Das heißt, die für relevant gehaltenen Probleme werden so ausgewählt und das Beobachtungsmaterial wird so zugerichtet, daß notgedrungen solche Ergebnisse in den Vordergrund treten, deren praktische Auswertung hauptsächlich dem Unternehmer nützlich ist. Alles was der Effizienz, der Leistungsbereitschaft und letzten Endes der Produktivität dient, wird als Ziel behandelt, das um seiner selbst willen wünschenswert ist. Es erscheint als ein sittliches Postulat. Niemanden würde es einfallen, den Zweck der Produktivitätsforschungen in Frage zu stellen. Und mit der Problemstellung wird unversehens auch der Wortschatz der Betriebspraxis übernommen. Durch ihn empfängt die Wertgebundenheit der Grundeinstellung den Stempel des Geläufigen und Selbstverständlichen. Ein Verhalten, das als ‚produktiv‘, ‚effizient‘, ‚rentabel‘ oder ‚leistungsfähig‘ definiert wird, gilt zugleich immer schon als ein wertvolles Verhalten. Umgekehrt würde etwa der Ausdruck „effiziente Streikorganisation" bereits in sich widerspruchsvoll erscheinen. Da die betriebsbezogene Problemstellung und Begriffsbildung als selbstverständlich und unmittelbar plausibel hingenom-

---

[2] Die hier angedeutete Problemstellung und die darin implizierte praktische Verantwortlichkeit des Forschers wurde durch Untersuchungen Christian von Ferbers angeregt. Vgl. C. *von Ferber*, Der Werturteilsstreit 1909/1959, in: Kölner Zeitschrift für Soziologie und Sozialpsychologie, 11. Jg., 1959, insbesondere S. 33 ff.: *Ders.*, Arbeitsfreude — Wirklichkeit und Ideologie. Stuttgart 1959, S. 90 ff.; *Ders.*, Arbeitsethos und industrielle Gesellschaft, in: Studium Generale. Heidelberg 1960. — Vgl. auch C. Wright *Mills*, The Sociological Imagination. London 1959, S. 6 ff., 129 ff. ;ein scharfsinniger Beitrag über die unterschiedliche Rolle des Werturteils in den Sozialwissenschaften gegenüber den Naturwissenschaften ist der Aufsatz von Norbert *Elias*, Problems of Involvement and Detachment, British Journal of Sociology, vol. 7, 1956, S. 226—252.

[3] Vgl. Robert K. *Merton*, Social Theory and Social Structure. Glencoe, Ill. 1957 (2nd ed.), S. 571.

men wird, bleiben auch das Werturteil und damit die unkontrollierte Einseitigkeit in der Grundeinstellung verdeckt. Nur in vereinzelten Fällen, und auch dann nur von Außenseitern, ist die ideologische Befangenheit der Betriebssoziologen durchschaut worden[4].

Die einheitliche Grundeinstellung, die den praktischen Interessen des Unternehmers entspricht, beherrscht jedoch nur einen bestimmten, bisher allerdings überwiegenden Bereich industriesoziologischer Forschung, nämlich die „Betriebssoziologie" im engeren Sinne des Wortes. Hier beschäftigt man sich hauptsächlich mit den sozialen Beziehungen innerhalb eines gegebenen Betriebes, also mit Erscheinungen, die sich verhältnismäßig leicht mit Hilfe einer produktivitätsorientierten Einstellung meistern lassen. Seit einigen Jahren deuten nun aber gewisse Anzeichen darauf hin, daß dieser Zustand nicht von Dauer sein kann. Mit dem Anwachsen empirischer Untersuchungen hat sich mehr und mehr die Komplexität der sozialen Gebilde im Betriebe vergrößert. Bestimmte Beobachtungen lassen sich mit der vereinfachenden Produktivitätsideologie nicht mehr in Einklang bringen, wie z. B. die Feststellung, daß Unzufriedenheit unter den Arbeitern u. U. mit Leistungssteigerung einhergehen kann. Gleichzeitig hat sich die Anwendung soziologischer Untersuchungsmethoden weit über die eigentliche Betriebssoziologie hinaus erweitert, und zwar auf solche Gebiete, bei denen die Produktivitätsorientierung als Erklärungsprinzip notgedrungen irrelevant ist: auf die soziale Struktur der Gewerkschaft, den sozialen Aufstieg in der industriellen Gesellschaft, die gesellschaftlichen Grundlagen der Einkommensverteilung, die soziale Struktur der Gemeinde und vieles mehr. So ist gegenwärtig die Betriebssoziologie nur noch ein Teilgebiet innerhalb der Industriesoziologie, die sich grundsätzlich mit sämtlichen Institutionen der industriellen Gesellschaft befaßt.

Damit hat sich eine Situation ergeben, die durch ein unaufhaltsames Wachstum völlig unkoordinierter Einzelforschungen gekennzeichnet ist. In absehbarer Zeit wird sich der Mangel theoretischer

---

[4] So von C. Wright *Mills*, The Contribution of Sociology to Studies of Industrial Relations; Industrial Relations Research Association. Champaign, Illinois 1949: „Ideologically, studies in ‚human relations in industry' are ... part of the attempt to work up new symbols of justification, part of the effort to sophisticate business rhetoric and business outlook", a.a.O., S. 202.

Grundlagen angesichts dieses verwirrenden Beobachtungsmaterials bemerkbar machen. Die verspätete Durchführung einer theoretischen Grundlagenforschung wird aber gerade dadurch von vornherein außerordentlich erschwert, daß sie mit einer ungewöhnlich eklektischen und vielschichtigen Tatsachenforschung konfrontiert ist. Die Konstruktion theoretischer Modelle, in denen sich ein logisch geschlossenes System der gegenwärtigen Industriegesellschaft vergegenständlichen ließe, kann für absehbare Zeit nur als ein unerreichbares Ziel betrachtet werden. Die Anzahl der Variablen und die Verschiedenartigkeit der Dimensionen, die ein solches System koordinieren müßte, ist so groß, daß sie mit Hilfe der aus der allgemeinen Gesellschaftstheorie verfügbaren Konstruktionsmittel auch nicht annähernd bewältigt werden könnte. Hinzu kommt, daß die große Mehrzahl der bereits vorhandenen Einzeluntersuchungen weitgehend mit vagen Wortbildern der Umgangssprache und der Praxis belastet ist, die alle zunächst einmal in neu zu schaffende technische Ausdrücke übersetzt werden müßten, bevor dieses Material theoretisch ausgewertet werden kann. Die Einführung zahlreicher neuer Begriffe würde aber die Durchführung theoretischer Analysen und die Ableitung allgemeingültiger Aussagen außerordentlich erschweren. Andererseits ohne theoretische Grundlagen und ohne die immer dringender werdende Koordination der Tatsachenforschung aber wird der praktische Wert betriebssoziologischer Untersuchungen zunehmend in Frage gestellt.

In Anbetracht jener bis auf weiteres unüberwindlichen Schwierigkeiten können an die erforderliche Systematisierung einstweilen nur verhältnismäßig bescheidene Ansprüche gestellt werden. Die wichtigste Aufgabe in diesem Anfangsstadium der Theoriebildung besteht zweifellos darin, die logischen Grundlagen der einseitig beschränkten *Betriebs*soziologie so umzuformen und so zu erweitern, daß sie als ein organischer Bestandteil der *Industrie*soziologie behandelt werden können. Das heißt, die Verflechtung des Betriebs mit seiner gesellschaftlichen Umwelt muß als strategischer Ansatzpunkt der theoretischen Grundlagenforschung dienen. Oder, um es negativ auszudrücken: sollte es nicht gelingen, logisch zwingende, allgemeinverbindliche Zusammenhänge zwischen der innerbetrieblichen Sozialordnung und dem gesamtindustriellen Milieu des Betriebs zu entdecken, so wird die wissenschaftliche Geltung der eklektischen Einzelforschungen, und damit auch ihre praktische Bedeutung, ernsthaft bezweifelt werden müssen. Behelfsmäßig und oberflächlich lassen sich diese Zusammenhänge zwischen Betrieb und außerbetrieblichem Milieu als Erscheinungen der *industriellen Organisation* beschreiben, die ihrerseits ein Gebilde der institutionellen Struktur der gesellschaftlichen Entwicklung darstellt. Die industrielle Organisation läßt sich in ihrer historisch gegebenen Gestalt auf Grund zahlreicher Merkmale erfassen: nach der Art der Produktionsmethoden, der vorherrschenden Betriebsgröße, der Organisation von Arbeitnehmer- und Arbeitgeberinteressen, nach der tariflichen Arbeitsverfassung, den Lohnzahlungsmethoden, der Gestalt der industriellen Bürokratie und so fort. Jedes dieser Merkmale bezieht sich auf den Betrieb selbst *und zugleich* auch auf seine gesamtindustrielle Umwelt. Tatsächlich gibt es bereits viele Untersuchungen induktiver Art, die sich mit dem Einfluß einzelner Faktoren der industriellen Organisation auf die Sozialbeziehungen innerhalb des Betriebes beschäftigen, beispielsweise mit der Einwirkung produktionstechnischer Neuerungen auf das Verhalten der Arbeiterschaft in einem bestimmten Werk. Woran es dagegen fehlt, ist eine soziologische *Theorie* der industriellen Organisation.

Die Ursache für diese Lücke ist nicht allein in den erwähnten Schwierigkeiten der Theoriebildung zu suchen. Sie liegt ferner darin begründet, daß die wichtigsten Strukturbedingungen der industriellen Organisation nicht nur *soziologisch*, sondern außerdem auch *ökonomisch* relevant sind; sie berühren volkswirtschaftliche Probleme ebenso stark wie betriebsorganisatorische Fragen. Das ist besonders auffällig etwa bei den allgemeinen Bestimmungsgründen des Lohnes und des Unternehmergewinns. Beide sind gleichermaßen von der industriellen Organisation wie vom ökonomischen Marktmechanismus abhängig. Veränderungen der Produktionstechnik beeinflussen die Marktformen und die gesamtökonomische Struktur genau so wie den Betrieb, und ähnlich verhält es sich, wenngleich in verschiedenem Grade, mit allen übrigen Faktoren der industriellen Organisation. Damit scheint jeder Versuch, auf der Basis des heute vorhandenen Beobachtungsmaterials eine soziologische Theorie der industriellen Organisation zu konstruieren, unvermeidlich mit der Wirtschaftstheorie in Konflikt zu geraten. Es ist psychologisch daher durchaus begreiflich, daß Industriesoziologen grundsätzlich nicht geneigt sind, ein Gebiet zu betreten, das bereits von einer anderen Sozialwissenschaft — mit unbestreitbarem Erfolg —

bearbeitet wird. Dieses Dilemma läßt sich nur in der Weise umgehen, daß eine möglichst scharfe Trennung zwischen der industriesoziologischen und der ökonomischen Theorie gezogen wird. Wir müssen, mit anderen Worten, die spezifisch soziologischen Aspekte der industriellen Organisation zu isolieren versuchen, aus denen dann die Grundlage der Theorie abzuleiten wäre. So erhebt sich die Frage: auf welche Weise kann die rein soziologische Funktion der verschiedenen Variablen der industriellen Organisation aus dem gleichzeitig bestehenden volkswirtschaftlichen Zusammenhang ausgesondert werden?

Die Beantwortung der Frage wird indessen dadurch erleichtert, daß die Entwicklung der modernen ökonomischen Theorie durch einen nahezu ununterbrochenen Prozeß der Ausmerzung nichtökonomischer, insbesondere metaphysischer, psychologischer und soziologischer Elemente ausgezeichnet ist[5]. Das hervorragendste Ergebnis dieser Entwicklung ist die zunehmende Formalisierung und Verfeinerung der allgemeinen und partiellen Gleichgewichtsanalysen im Sinne mathematisch-rigoroser Ableitungen. Dadurch verringert sich immerhin die Gefahr der Kompetenzüberschreitung seitens einer soziologischen Theorie der industriellen Organisation. Die wirtschaftstheoretische Analyse des industriellen Unternehmens ist an höchst abstrakten Modellen der Marktformen und der Marktprozesse orientiert, die ihrerseits eine bewußte „Bereinigung" von soziologischen Faktoren voraussetzen. Nichtsdestoweniger wird es sich empfehlen, zur Vermeidung etwaiger Überschneidungen bei den nachfolgenden Erörterungen verschiedene soziologische Kriterien der industriellen Organisation gleichzeitig anzuwenden, wodurch eine stärkere Abgrenzung von der Wirtschaftstheorie begünstigt wird.

Der sicherste Weg zu einer soziologischen Theorie der indusriellen Organisation besteht darin, daß der *Motivation*, d. h. dem Bewußtseinsinhalt der Ziele und Einstellungen derjenigen, die am industriellen Produktionsprozeß beteiligt sind, eine Vorzugsstellung eingeräumt wird. Hierbei kommt der Analyse zustatten, daß eines der wichtigsten Motivationsprobleme, die Motivation der menschlichen Arbeit, von den Wirtschaftstheoretikern traditionsgemäß be-

---

[5] Vgl. zum folgenden Adolphe *Lowe*, Economics and Sociology. London 1936; ferner Gottfried *Eisermann*, Wirtschaftstheorie und Soziologie. Tübingen 1957, S. 11 ff.

wußt vernachlässigt worden ist: die seelischen und physischen Antriebskräfte, die im Arbeitsaufwand in Erscheinung treten, sind vom Standpunkte ökonomischer Analysen lediglich ein unproblematisches Datum. Mit dem Motivationsaspekt hängt ein weiteres Merkmal soziologischer Denkweise zusammen, nämlich der besondere Nachdruck, der auf die Rolle gesellschaftlich bedingter Erwartungen, Einstellungen und Bewertungen gelegt wird, durch die das Verhalten des Menschen bestimmt wird. Es handelt sich also hier niemals allein um die *tatsächliche* Gestalt der industriellen Produktionsmethoden, der Marktformen, der Entlohnung, der Organisationsmethoden usw., sondern in erster Linie darum, wie diese Dinge von den unterworfenen Individuen und Gruppen subjektiv *interpretiert* werden. Im Vordergrunde steht dabei häufig die gesellschaftlich bedingte Bewertung dessen, was als „angemessen", „gerecht" oder „erforderlich" empfunden wird. Für spezifisch soziologische Fragestellungen ist ferner die hervorragende Bedeutung charakteristisch, die den Formen und Prozessen gesellschaftlicher Machtbildung und Machtverteilung beigelegt wird. Auf die industrielle Organisation angewandt ergibt sich daraus, daß wir dem Interessenkampf zwischen Unternehmer und Arbeiter eine zentrale Stellung einräumen müssen. An die Stelle der für die Wirtschaftstheorie systemnotwendigen Voraussetzung eines mehr oder weniger selbsttätig erzeugten Gleichgewichts unterschiedlicher Interessen tritt die Hypothese des Arbeitskampfes, dem ein fundamentaler, unüberbrückbarer Interessengegensatz zugrunde liegt. Folglich werden wir die typischen Symptome solcher Auseinandersetzungen, wie etwa Streik, Leistungsbeschränkung, Lohnkampf, nicht als nebensächliche „Reibungen" im Ablauf des Marktmechanismus, sondern als wesentliche Faktoren der gesamtindustriellen Dynamik behandeln.

Die genannten soziologischen Aspekte der industriellen Organisation können nur dann für eine theoretische Analyse ausgewertet werden, wenn es gelingt, ein geeignetes Problem zu finden. Das Problem muß — im Rahmen dieser soziologischen Begrenzung — auf den Wesenskern der industriellen Organisation gerichtet sein. Dafür scheint uns die Frage der gerechten Verteilung der Ergebnisse industrieller Erzeugung zwischen Arbeitnehmer und Arbeitgeber, d. h. die Frage des gerechten Verhältnisses von Arbeitslohn und Unternehmergewinn am besten geeignet zu sein. Die genaueren Gründe für diese Wahl können erst im Zusammenhang konkreter

Beobachtungen aufgezeigt werden (vgl. Teil II). Grundsätzlich können wir hier bereits festhalten, daß der Gesichtspunkt der „gerechten" Verteilung unmittelbar auf die Rolle gesellschaftlich bedingter Erwartungen hinweist, die sowohl für den Arbeitskampf wie für die Motivation der industriellen Arbeit relevant sind.

Dogmengeschichtlich gesehen berührt das Verteilungsproblem einen Fragenkomplex, für den von Hause aus die Wirtschaftstheorie zuständig war, und zwar mindestens bis zur Zeit der Anfänge der neoklassischen Schule. Hierin liegt der Hauptgrund für die Zurückhaltung, die sich die Soziologen diesem Problem gegenüber traditionsgemäß auferlegt haben. Andererseits haben aber die Nationalökonomen selber schon lange kein Interesse mehr für das sogenannte „Zurechnungsproblem" gezeigt. Es verschwand im Zuge der Formalisierung streng ökonomischer Ableitungen von der Bildfläche. Die letzte gründliche Behandlung stammt aus dem Jahre 1917. In einer weit ausholenden Erörterung brachte damals J. Schumpeter den Nachweis, daß der spezifisch ökonomische Aspekt der Zurechnung im wesentlichen auf tautologische Lösungen hinausläuft, während die eigentlich entscheidenden, jedoch großenteils noch undurchsichtigen Faktoren soziologischer Natur sind[6]. Und damit hat es auch sein Bewenden gehabt.

Zum Zweck der vorläufigen Vereinfachung des ungewöhnlich komplizierten Problems werden wir den Arbeitslohn in den Mittelpunkt unserer Betrachtungen stellen. Dabei kann der Lohn im weitesten Sinne als „Arbeitseinkommen" — im Gegensatz zum „nichterarbeiteten" Unternehmergewinn — aufgefaßt werden. Diese theoretische Vereinfachung bedeutet, daß der Unternehmergewinn als ein Residualeinkommen behandelt wird, dessen weitere Bestimmungsgründe, soweit sie von der marktmäßigen Verwertung der industriellen Erzeugungen abhängen, vernachlässigt werden können. Sollte sich also beispielsweise ergeben, daß ein bestimmter Unternehmergewinn auf der Grundlage einer gegebenen industriellen Organisation zustande kommen muß, so bleibt nichtsdestoweniger die Frage offen, ob und bis zu welchem Grade dieser Unternehmergewinn durch den Konkurrenzkampf auf dem Gütermarkt zum Verschwinden gebracht wird. Das ist eine Frage, deren Behandlung

---

[6] Joseph A. *Schumpeter*, Das Grundprinzip der Verteilungstheorie, in: Archiv für Sozialwissenschaft und Sozialpolitik, Bd. 42 (1916/1917).

selbstverständlich die Kompetenz der soziologischen Analyse überschreiten würde. Die strategische Bedeutung des Lohnes ergibt sich andererseits daraus, daß er — unabhängig von der politischen Wirtschaftsverfassung — ein logisch notwendiger Bestandteil jeder Form der industriellen Organisation ist. Um diese Funktion des Lohnes aus der soziologischen Perspektive der Arbeitsmotivierung heraus zu entwickeln, werden wir den Lohn *seiner subjektiven Bewertung nach* zur Arbeit selbst, d. h. zum Arbeitsaufwand, in Beziehung setzen. Wir fragen also: in welchem Sinne wird der Lohn vom Arbeiter und vom Unternehmer auf der Grundlage entgegengesetzter Interessen bewertet, interpretiert und „definiert"? Wir werden zu zeigen versuchen, daß das Arbeitseinkommen in der Auseinandersetzung zwischen Arbeitgeber und Arbeitnehmer selbst dann noch ein gesellschaftlich bedingtes Objekt sittlicher Bewertung ist, und notwendigerweise sein muß, wenn es dem äußeren Anschein nach lediglich eine Funktion ethisch neutraler Marktprozesse ist. Das heißt, wir vertreten mit guten Gründen die These, daß die Frage des „gerechten Lohnes" nicht auf vorindustrielle Gesellschaftsbedingungen beschränkt ist, sondern im Zentrum der industriellen Organisation steht. Sollte uns dieser Nachweis gelingen, so würde sich daraus die soziologische Relevanz des Verteilungsproblems von selbst ergeben. Daß auch praktisch dem Problem eine große Bedeutung zukommt, ist zumindest deswegen zu erwarten, weil es unmittelbar mit der Gestaltung des Arbeitskampfes zusammenhängt.

II. Beobachtungen über das Verhältnis von Arbeitsmühe zu Arbeitslohn

Auf eine trügerisch einfache Formel gebracht, läuft der soziologische Aspekt des industriellen Verteilungsproblems auf die Frage hinaus: unter welchen Bedingungen ist der Lohn eine angemessene, d. h. „gerechte" Entschädigung des Arbeitnehmers für seinen produktiven Beitrag zu dem gemeinsam mit dem Arbeitgeber erzeugten Produkt? Es braucht kaum betont zu werden, daß wir es mit einer außerordentlich verzwickten Angelegenheit zu tun haben. Da relevante Vorarbeiten kaum vorhanden sind[1], wissen wir nicht einmal, ob diese abstrakte Frage, soziologisch gesehen, überhaupt einen Sinn hat. Es ist deshalb ratsam, daß wir uns ihr auf möglichst anschauliche Weise durch einen empirischen Zugang nähern.

Ein empirisch nachweisbarer Zusammenhang zwischen Lohn und Arbeitsprodukt ist beim Akkordlohn leichter herzustellen als beim Zeitlohn. Aus diesem Grunde beginnen wir mit Beobachtungen über Akkordarbeit. Darüber gibt es eine ganze Anzahl soziologischer Untersuchungen[2]. Sie sind allerdings einseitig auf die Effizienz des industriellen Betriebes zugeschnitten und bedürfen deshalb einer revidierenden Interpretation. Indem wir uns in einer äußerst knappen Zusammenfassung auf das Wesentlichste beschränken, lassen sich

---

[1] Eine beachtliche Ausnahme ist C. *von Ferber*, Arbeitsfreude, a.a.O., S. 61 ff., 93 ff.

[2] Wir stützen uns auf Veröffentlichungen im angelsächsischen Sprachbereich. Einige davon finden sich, in der Übersetzung von Friedrich *Fürstenberg*, in dem von William Foote *Whyte* herausgegebenen Sammelband: Lohn und Leistung. Eine soziologische Analyse industrieller Akkord- und Prämienlöhne. Köln und Opladen 1958. — Eine wertvolle Übersicht der wichtigsten Beobachtungen bietet Friedrich *Fürstenberg*, Die soziale Funktion der Leistungsanreize (Incentives) im Industriebetrieb, in: Kölner Zeitschrift für Soziologie und Sozialpsychologie, 7. Jg., 1955, S. 558—573. Immer noch grundlegend unter der älteren Literatur ist Max *Weber*, Zur Psychophysik der industriellen Arbeit, in: Archiv für Sozialwissenschaft und Sozialpolitik, Bd. 27 (1908), 28 und 29 (1909); der für die Akkordlöhne relevante Abschnitt findet sich in der von Friedrich *Fürstenberg* herausgegebenen Textsammlung: Industriesoziologie, Vorläufer und Frühzeit 1835—1934. Neuwied 1959, S. 36—43.

folgende Punkte herausgreifen. Bereits in den Hawthorne Experimenten ist das Verhalten von Akkordarbeitern untersucht worden, und zwar charakteristischerweise unter dem produktivitäts-orientierten Gesichtspunkt des „Bremsens" (restriction of output)[3]. Seitdem ist die Entdeckung informeller Abmachungen unter den Arbeitern über das „zulässige" tägliche Arbeitsquantum oft zitiert worden. Die fundamentale Bedeutung dieser Abmachungen im Sinne einer gerechten Beziehung der Leistung zum Lohn wurde jedoch übersehen. Die Grundeinstellung der Hawthorne Experimente ist außerdem auch insofern irreführend, als angenommen wurde, jene Abmachungen seien lediglich eine Funktion der kleinen „informellen Gruppen" unter den Arbeitern. Tatsächlich muß sich natürlich auch das Verhalten der Einzelgänger, z. B. der Akkordbrecher (ratebusters), nach bestimmten Erwartungen über angemessene Produktionsquanten richten[4]. Das gleiche gilt, auf der Seite der Arbeitgeber, von den Zeitnehmern und Betriebsleitern. Was aber die kleinen Gruppen, Cliquen, Freundschaften und die human relations überhaupt betrifft, so besteht ihre Wirkung nur darin, daß sie bereits bestehende individuelle Erwartungen akzentuieren und durch konkrete Symbole und Verhaltensregeln konsolidieren. Einen wichtigen Beitrag zur Frage des Bremsens stellt die auf teilnehmender Beobachtung beruhende Untersuchung von Roy dar[5]. Hier wird zunächst eine erstaunliche Genauigkeit und Rechenhaftigkeit in den Vorstellungen der Akkordarbeiter über das zulässige Arbeitsquantum und den angemessenen Lohn aufgezeigt. Ferner werden zwei grundverschiedene Arten des Bremsens dargestellt. Wenn (vom Standpunkte des Arbeiters) die Akkordsätze bei einer bestimmten Arbeitsverrichtung so ungünstig sind, daß auch bei größter Anstrengung nur ein kleiner Wochenverdienst herauskäme, so strengt man sich überhaupt nicht an und begnügt sich mit dem Grundlohn. Solche Jobs oder Verrichtungen werden im amerikanischen Jargon der Fabrikarbeiter gelegentlich als „stinkers" bezeichnet. Die zweite Art des Bremsens wird bei den „gravy jobs" angewandt, d. h. bei Arbeiten, bei denen Akkordsätze im Verhältnis zu einer erträglichen

---

[3] Vgl. *Roethlisberger* and *Dickson*, a.a.O., Chapter 21.
[4] Vgl. Melville *Dalton*, The Industrial Ratebuster, in: Applied Anthropology, vol. 7, 1948.
[5] Donald *Roy*, Quota Restriction and Goldbricking in a Machine Shop, in: American Journal of Sociology, vol. 57, 1952.

Anstrengung besonders günstig sind. Um der Gefahr einer Herabsetzung dieser Sätze vorzubeugen, ist es erforderlich, das tagesdurchschnittliche Arbeitsquantum auf möglichst exakte Weise zu begrenzen. Es darf also weder so gering sein, daß der Arbeitgeber (beziehungsweise der Zeitnehmer) es als unrentabel einschätzt, noch darf andererseits das Arbeitsquantum und damit der Wochenverdienst so groß sein, daß das Bestehen übermäßig hoher Sätze auffällt. Diese Beobachtungen sind neuerdings in einer Untersuchung von Lupton und Cunnison bestätigt, die ebenfalls die Methode der teilnehmenden Beobachtung anwenden[6]. Auch diese Untersuchung deckt eigentümliche Gebräuche und Verhaltensweisen unter den Akkordarbeitern auf. Sie bestehen im wesentlichen darin, daß raffiniert ausgeklügelte Verfahren des Mogelns beim Ausweisen des Arbeitsertrages zum Zwecke des Ausgleichs unregelmäßiger Verdienste angewandt werden[7]. Zur Erläuterung muß hier bemerkt werden, daß in vielen Produktionszweigen die Arbeitsbedingungen (und somit die erforderlichen Anstrengungen) sich von Tag zu Tag und Woche zu Woche ändern, z. B. durch Veränderung des Arbeitsmaterials, der Art der Aufträge oder auch durch Variationen in der laufenden Bereitstellung von Teilprodukten. Bei der Herstellung etwa von Regenmänteln wird je nach der Art des Stoffes und des Schnittes ein und dieselbe Operation an einer bestimmten Nähmaschine sehr verschiedenartigen Schwierigkeiten unterliegen, so daß das mögliche Arbeitstempo und damit der tägliche Produktionsanfall erheblichen Schwankungen unterliegt. Ein gegebener, unverändert bleibender Akkordsatz wird dementsprechend ein dauerndes Auf und Ab im Wochenverdienst zur Folge haben. Der Akkordsatz erscheint danach dem Arbeiter bald günstig, bald ungünstig, je nach dem Wandel der Arbeitsbedingungen. Der Wochenlohn läßt sich nun aber dadurch stabilisieren, daß der Arbeiter absichtlich falsche Angaben bei der Verbuchung des täglichen Arbeitsertrages macht. An schlechten Tagen wird er „überbuchen" und an guten Tagen wird er „unterbuchen". Beachtenswert ist ferner, daß das systematische Mogeln, soweit es den Betriebsleitern bekannt ist, von ihnen stillschweigend toleriert wird. Denn auch vom Standpunkte des

---

[6] Tom *Lupton* and Sheila *Cunnison*, The Cash Reward for an Hour's Work under three Piecework Incentive Schemes, in: The Manchester School, vol. 25, 1957, S. 213—269.

[7] Vorher bereits beobachtet von F. *Fürstenberg*, a.a.O., S. 568.

Arbeitgebers sind starke Fluktuationen der Wochenlöhne unerwünscht. Die Mogelsysteme sind nach der jeweiligen technischen und organisatorischen Eigenart des Betriebes ganz verschieden, aber in jedem Falle bringen sie eine Atmosphäre der durchtriebenen Rechenhaftigkeit, des Feilschens, des Tauschhandels mit sich, die auf die Beziehungen zwischen Arbeitern und Manager, und zwischen den Arbeitern untereinander, einen bestimmenden und charakteristischen Einfluß ausübt.

Alle diese Untersuchungen sind teils direkt, teils indirekt auf das Produktivitätsproblem abgestellt; sie wollen der rationellen Betriebsgestaltung dienlich sein und berühren die Frage der angemessenen Verteilung des Arbeitsproduktes nur beiläufig. Um das dabei vorherrschende Werturteil aufzudecken und, wenn möglich, zu neutralisieren, stellte sich der Verfasser vor einigen Jahren die Aufgabe, Akkordlöhne einmal so zu untersuchen, daß nicht die Erzeugung, sondern die Verteilung des Arbeitsproduktes in den Vordergrund gestellt wird[8]. Es wurde ein Fragebogen ausgearbeitet, der als Grundlage freier Interviews mit Managern und Gewerkschaftsführern dienen sollte. Er enthielt ursprünglich eine große Anzahl unverfänglicher Fragen, bei denen als selbstverständlich unterstellt wurde, daß Akkordlohn- und Prämiensysteme eine wünschenswerte Einrichtung seien. Aber er enthielt auch eine, wie wir dachten, ausgesprochen heikle Frage: „In welchem Maße müßten, gerechterweise, die Arbeiter an einer durch Einführung von Akkordlöhnen erzielten Produktivitätssteigerung beteiligt werden?" Die Reaktion auf diese Frage war enttäuschend. Die Antworten darauf waren unverbindlich, unproblematisch oder nichtssagend. Die Sache schien den Unternehmern und Managern wie den Gewerkschaftlern ganz unwichtig zu sein. Glücklicherweise brachte aber eine andere Frage, die wir anfangs für harmlos hielten, eine unerwartet scharfe Reaktion. Sie wurde entweder als unfair abgelehnt, vorsichtig umgangen oder mit offensichtlichem Unbehagen beantwortet. Die Frage lautete: „Gibt es bei Ihnen ‚weiche' Akkorde (‚loose rates'); und

---

[8] Über Verfahren und Ergebnisse dieser Untersuchung berichten folgende Aufsätze: H. *Behrend*, The Effort Bargain, in: Industrial and Labour Relations Review, vol. 10, 1957; W. *Baldamus*, The Relationship between Wage and Effort, Journal of Industrial Economics, vol. 5, 1957; H. *Behrend*, Financial Incentives as a System of Beliefs, Brit. Journal of Sociocology, vol. 10, 1959.

falls dies der Fall ist, warum werden sie geduldet?" Der Ausdruck entstammt dem Jargon der Zeitnehmer[9]. „Weiche" Akkordsätze deuten, in der Perspektive des Arbeitgebers, auf eine Organisation hin, die gewissermaßen verweichlicht ist. Das bezieht sich auf Stücklöhne, die so reichlich sind, daß die Arbeiter mit geringer Anstrengung einen relativ großen Wochenlohn erzielen können. Das Umgekehrte sind „harte" („tight") Akkordsätze. Hier ist der Akkordlohn im Vergleich zur Anstrengung relativ knapp. Er läßt auf eine straffe Organisation im Sinne der bestmöglichen Ausnutzung der menschlichen Arbeitskraft schließen. Da es sich nun bereits am Anfang der Untersuchung gezeigt hatte, daß, aus zunächst noch recht undurchsichtigen Gründen, allein der Fragenkomplex der reichlichen und knappen Akkordlöhne wertbetonte Reaktionen auslöste, so wurde er fortan in den Mittelpunkt gestellt.

Die Ergebnisse lassen sich etwa folgendermaßen zusammenfassen. Überall wo Akkordlöhne eingeführt sind, gibt es reichliche und knappe Sätze. Sie sind immer ein Gegenstand der Auseinandersetzung zwischen Unternehmern oder Zeitnehmern einerseits und Arbeitern oder Gewerkschaftsvertretern andererseits. Im allgemeinen neigen die Gewerkschaftler dazu, die Schwierigkeit der Beseitigung knapper Sätze zu betonen, während umgekehrt die Arbeitgeber die Hartnäckigkeit der reichlichen Sätze beklagen. Dabei geht es stets um eine Bewertung des Verhältnisses von Anstrengung und Lohn im Sinne eines *„zumutbaren", „erforderlichen", „gerechten", „angemessenen"* oder *„vernünftigen"* Verhältnisses. Es liegt im Wesen solcher Bewertungen, daß sie in einer gefühlsmäßigen, vagen und daher unartikulierten Weise zum Ausdruck gebracht werden. Um so auffallender ist die Sicherheit und die Genauigkeit, mit der die *„falschen"* Akkorde bewußt werden, also diejenigen, die entweder zu reichlich oder zu knapp sind. Das heißt, es lassen sich im konkre-

---

[9] Die Übersetzung dieser Spezialausdrücke verdankt der Verfasser Herrn *Krüger* vom Verband für Arbeitsstudien (Refa), Darmstadt, der ihm außerdem noch folgendes mitteilte: im Slang der deutschen Akkordarbeiter werden die Ausdrücke „Sauerkraut" und „Schweinebraten" im Sinne der „stinkers" und „gravy-jobs" verwandt; bei „weichen" Akkorden gelingt es dem Arbeiter, „Minuten in die Schublade zu bekommen", um sie dann bei „harten" Akkorden „zubuttern" zu können. Daraus läßt sich schließen, daß es auch hier die oben S. 21 und 22 erwähnten Mogelsysteme gibt.

ten Falle nur die oberen und unteren Grenzen des „gerechten" Akkordlohns bestimmen.

Zur besseren Veranschaulichung dieser Beobachtungen seien noch einige merkwürdige Besonderheiten erwähnt. In vielen Betrieben ist es üblich, reichliche und knappe Akkordsätze gegeneinander auszuhandeln, denn die Erhöhung knapper Sätze liegt genau so im Interesse des Arbeitnehmers, wie die Senkung reichlicher Akkorde vom Standpunkte des Arbeitgebers wünschenswert ist. Gewöhnlich besteht die Kompromißlösung darin, daß, unter Umständen nach längerem Verhandeln, bestimmte Arbeitsstellen mit knappen Lohnsätzen von den Arbeitern oder ihren gewerkschaftlichen Vertretern ausgesondert werden, während von Unternehmerseite Stellen mit reichlichen Sätzen aufgezeigt werden; bei den ersteren wird dann der Stücklohn erhöht und bei den letzteren gesenkt. Von ganz seltenen Ausnahmen abgesehen, vollzieht sich dieses Aushandeln lediglich durch Änderung von Lohnsätzen, nicht dagegen durch entsprechende Erleichterung oder Erschwerung der Arbeitsbedingungen. Denn Veränderungen auf der nicht-monetären Seite des Verhältnisses von Arbeitsmühe und Lohn, also auf der Seite der technisch-organisatorischen Gestaltung der Arbeitsverrichtung selbst, werden im allgemeinen als schwer durchführbar betrachtet. Meistens wird der „Austausch" von Arbeitsstellen mit knappen und reichlichen Akkorden durch informelles Verhandeln in die Wege geleitet. Daneben gibt es aber auch besonders in Großbetrieben vertraglich geregelte Verfahren. Eine Art illegitimes Verhandeln besteht schließlich darin, daß häufig schon bei der Durchführung der Zeitnahme ein Kompromiß zwischen Arbeiter und Zeitnehmer geschlossen wird.

Im Laufe der Untersuchung lieferten diese Beobachtungen eine Erklärung für die anfangs unverständliche Tatsache, daß die Frage nach der „angemessenen" Verteilung von Produktivitätssteigerungen so belanglos erschien. Allmählich wurde es klar, daß die einzig maßgebende Entscheidung über die Verteilung des gemeinsamen Arbeitsproduktes bereits dann getroffen wird, wenn die Akkordsätze festgesetzt werden: die knappen Sätze bedeuten schlechthin eine ungünstige Verteilung für den Arbeitnehmer, und eine günstige für den Arbeitgeber. Das Umgekehrte gilt entsprechend für die reichlichen Sätze. Ein Zurechnungsproblem im technischen Sinne gibt es daher überhaupt nicht.

Obgleich es nun nach dem Vorstehenden unbestreitbar ist, daß ein Akkordsystem ohne normative Erwartungen über das angemessene Verhältnis von Arbeitsmühe und Lohn nicht denkbar ist, so wird dennoch die Tragweite dieser Erkenntnis leicht unterschätzt. Insbesondere läßt sie den langwierigen und in manchen Industrien hartnäckigen Kampf um das Akkordsystem in einem neuen Lichte erscheinen. Bekanntlich ist die Initiative zur Einführung von Akkordlöhnen fast immer von der Unternehmerseite gekommen und der Widerstand von den Gewerkschaften. Die Gründe dafür sind selten richtig erkannt worden. Denn obwohl eine Beschleunigung des durchschnittlichen Arbeitstempos unleugbar ist und insofern das gewerkschaftliche Argument des „speeding-up" zutrifft, kann dies allein nicht etwa als Ausbeutung verurteilt werden. Man darf nämlich nicht vergessen, daß mit der Beschleunigung auch ein (zuweilen beträchtlicher) Zuwachs an Durchschnittsverdiensten einhergeht. Worauf es wirklich ankommt, ist vielmehr das gesamtdurchschnittliche *Verhältnis* von Last und Lohn. Nehmen wir einmal an, wir hätten es mit einem Akkordsystem zu tun, bei dem sämtliche Stücklöhne sowohl von den Arbeitnehmern wie vom Arbeitgeber als reichlich eingeschätzt werden; sicherlich würde ein solches System auf keinen Widerstand von Seiten der Arbeiter stoßen. Daß es sich hierbei keineswegs nur um eine künstlich konstruierte Situation handelt, geht aus der Entwicklung des Lohnsystems im englischen Baugewebe hervor. Dort war es eine alte Tradition der Gewerkschaften, die Einführung von Akkordlöhnen zu bekämpfen. Nach dem zweiten Weltkriege, unter dem Druck der durch die allgemeine Wohnungsnot erforderlichen Beschleunigung des Wohnungsbaus, wurde erneut darüber verhandelt, und schließlich gelang es den Unternehmerverbänden, den Widerstand zu brechen. Es gelang dadurch, daß ein Akkordsystem mit *generell* reichlichen Sätzen eingeführt wurde. Das heißt es waren Sätze, die es den Arbeitern ermöglichten, bei gleichbleibender durchschnittlicher Anstrengung erheblich mehr zu verdienen als beim bisherigen Zeitlohn. Mit andern Worten, die Annahme des Akkordsystems wurde vom Arbeitgeber durch Gewährung großzügiger Akkordsätze erkauft[10].

---

[10] Vgl. V. L. *Allen*, Incentives in the Building Industry, in: The Economic Journal, vol. 62, 1952. — Zur Frage des Verhältnisses von Zeit- und Akkordlöhnen vgl. allgemein Friedrich *Fürstenberg*, Probleme der Lohnstruktur. Tübingen 1958, S. 33 ff.

Diese Beobachtung legt eine Schlußfolgerung nahe, die, wie sich zeigen wird, wichtige Konsequenzen hat. Wenn es möglich ist, ein bestimmtes Akkordsystem als solches mit dem Zeitlohn zu vergleichen, dann muß es sich bei den Vorstellungen von „reichlichen" und „knappen" Lohnsätzen, von „gravy-jobs" und „stinkers", „guten" und „schlechten" Jobs um normative Erwartungen handeln, *die nicht auf den Akkordlohn beschränkt sind*. Offenbar haben wir es mit einer *allgemeinen* Kategorie zu tun. Wenn diese Folgerung nicht unmittelbar einleuchtend ist, so liegt das daran, daß wir nicht gewohnt sind, den Stundenlohn oder das Monatsgehalt auf solche Weise zu betrachten. Außerdem fehlt es an einem Terminus, der umfassend das beschreiben würde, was der Entlohnung oder dem Gehalt in verschiedener Form als Anstrengung, Arbeitslast, Mühe, Zeitaufwand u. dgl. gewissermaßen gegenübersteht. Man kann sich also zunächst nicht recht vorstellen, in welchem Sinne denn ein bestimmter Stundenlohn „knapp oder „reichlich" sein könnte. Dies hat zu merkwürdigen Umwegen in der empirischen Behandlung solcher Probleme geführt. So sah sich Alvin Gouldner bei der Analyse einer Streiksituation unter Bedingungen des Zeitlohn genötigt, den eigens dazu konstruierten Begriff des „indulgency patterns" einzuführen[11], was sich annähernd als „Nachsichtigkeitsstruktur" übersetzen läßt. Mit diesem Begriff beschreibt er eine Situation, die von den Arbeitern als vorteilhaft eingeschätzt wird, obgleich die Stundenlöhne niedrig sind. Die ungewöhnlich günstigen Arbeitsbedingungen entschädigen sie für die verhältnismäßig schlechte Bezahlung: die Arbeit ist leicht, die Vorarbeiter sind nachsichtig und die Atmosphäre ist gemütlich. (Und als später, nach einem Personalwechsel in der oberster und mittleren Betriebsleitung, die Disziplin straffer gehandhabt wurde, kam es zum Streik.) Die Nachsichtigkeitsstruktur bezieht sich also auf Zeitlöhne, die einem Akkordsystem mit allgemein reichlichen Sätzen gleichkommen. Leider geht Gouldners weitere Analyse an dem entscheidenden Punkt vorbei. Sie kommt nicht, wie man doch eigentlich erwarten sollte, zu einem den knappen Akkordsätzen entsprechenden Begriff etwa der „Unnachsichtigkeitsstruktur". Ferner wird hier die Möglichkeit übersehen, daß der tatsächliche Stundenlohn wesentlich höher als der branchenübliche (meistens tariflich bestimmte) Lohn sein kann, wenn

---

[11] Alvin W. *Gouldner,* Wildcat Strike. London 1955, S. 31 f.

gleichzeitig auch das durchschnittliche Niveau der Arbeitsanstrengung (z. B. durch Fließbandmethoden) ungewöhnlich hoch ist. Dies ist das bekanntlich auf Henry Ford zurückgehende System der „überhöhten Zeitlöhne", daß nach wie vor — als Alternative zum Akkordsystem — von großer Bedeutung ist[12].

Immerhin legen Goudners Beobachtungen die Überlegung nahe, daß die Form der Lohnzahlung — Stücklohn oder Stundenlohn — unwichtig ist. Man kann nach dem Vorstehenden ohne weiteres annehmen, daß der Lohn vom Arbeitnehmer ganz allgemein als günstig oder ungünstig, lohnend oder nichtlohnend, reichlich oder kärglich bewertet wird. Jedoch führt die Annahme sofort zu der weiteren Frage: Worin liegt der Maßstab einer solchen allgemeinen Bewertung? Wenn wir von der alltäglichen Erfahrung ausgehen, so ist es offenbar der Arbeitsaufwand, die Arbeitsmühe oder die Anstrengung, die hier im Hinblick auf den Lohn bewertet wird. Ein „guter" Stundenlohn, ein „gravy-job", ein „reichlicher" Akkordsatz — alles dies bezieht sich auf einen Arbeitsaufwand, der besonders einträglich ist; und das Umgekehrte gilt von den „schlechten" Stundenlöhnen, den „stinkers" und den „knappen" Akkorden. Wenn wir also irgendeine Berufstätigkeit — vom Standpunkte des Arbeitsnehmers — im Sinne einer mehr oder weniger einträglichen bzw. verlustreichen Arbeitsmühe bewerten, so behandeln wir damit die menschliche Arbeit gewissermaßen nach dem kaufmännischen Prinzip der *Aufwandsentschädigung*.

Die Vermutung, daß diese Einstellung nicht nur für das Akkordsystem (wo sie besonders markant ist), sondern prinzipiell auch für den Stundenlohn oder das Monatsgehalt Geltung haben müßte, drängte sich dem Verfasser bereits im Endstadium der oben beschriebenen Akkordlohnuntersuchung auf. Es war eine Vermutung von zunächst unabsehbaren Konsequenzen. Denn sobald einmal theoretisch die Möglichkeit erwogen wurde, daß u. U. *jedes* Arbeitseinkommen nach dem Prinzip der Aufwandsentschädigung „bewertet" werden könnte, so eröffnete diese Perspektive völlig neue, bis dahin unbeachtete Probleme. Am dringlichsten schien jedoch vorerst die Notwendigkeit, rein empirisch festzustellen, in welchem Umfang das Arbeitsleben tatsächlich von Vorstellungen oder Erwartungen beherrscht wird, in denen sich ein vergleichendes Abwägen von Ar-

---

[12] Vgl. F. *Fürstenberg*, Lohnstruktur, a.a.O., S. 16.

beitsmühe und Arbeitseinkommen im Sinne der Entschädigung widerspiegelt. Da aber eine solche Untersuchung unvermeidlich die äußerst komplizierten Fragen der allgemeinen seelischen und gesellschaftlichen Grundlagen des Berufsleben berührte, so konnte nur eine provisorische Untersuchung bescheidenen Umfangs in Betracht kommen[13]. Ihr Ziel war anfangs lediglich ein Vergleich möglichst verschiedenartiger Berufstätigkeiten im Hinblick auf die als angemessen oder unangemessen bewertete Arbeitsmühe. Wir benutzten die Methode des qualitativen Interviews, und zwar auf der Grundlage eines sehr breit angelegten Interview-Leitfadens, der alle nur denkbaren Aspekte der Arbeitsmotivierung umfaßte. Der erste Versuch war auf ein zufallgesteuertes Sample von 100 Personen sehr verschiedenartiger Berufsgruppen beschränkt. Dieser Versuch scheiterte daran, daß bestimmte Fragen von den Befragten so unterschiedlich ausgelegt wurden, daß eine quantitative Auswertung der Ergebnisse nicht möglich war. Das Sample hätte also entweder wesentlich größer oder aber schärfer strukturiert sein müssen. Aus diesen Erwägungen heraus wurde schließlich ein Leitfaden konstruiert, bei dem drei Gruppen von Berufstätigen unterschieden wurden: (a) Industriearbeiter, (b) Angestellte und (c) Höhere Berufe. Das Sample wurde auf 100 in jeder Berufsgruppe, also im ganzen auf 300 erhöht. Nach diesem Einteilungsprinzip wurden die Interviews in drei verschiedenartigen Wohnvierteln Birminghams durchgeführt. Im Mittelpunkt stand die Frage der bewußten Leistungsbeschränkung, eine Frage, die wir aus folgenden Gründen für strategisch wichtig hielten. Sollte es richtig sein, daß alle Berufstätigen ganz allgemein ihr Einkommen auf die aufgewendete Arbeitsmühe beziehen, so müßte auch überall — also nicht nur im Akkordsystem und nicht allein bei den Industriearbeitern — das Phänomen der absichtlichen Leistungsbeschränkung („Bremsen", „restriction of output", „Sabotage" u. dgl.) zu beobachten sein, und zwar immer dann, wenn die aufgewendete Arbeitsmühe gegenüber dem Arbeitseinkommen als nicht lohnend oder ungerechtfertigt bewertet wird. Wir erwarteten dementsprechend, daß selbst in den höheren Berufen ge-

---

[13] Für die Durchführung der Interviews und die Aufbereitung des Materials ist der Verfasser Mrs. Eva M. *Pritchatt* zu Dank verpflichtet. Es handelt sich hier um eine „pilot study" auf Grund eines zufallgesteuerten Sample von 400 Interviews, wobei nach Status und Einkommen möglichst verschiedenartige Berufe herangezogen wurden.

wisse Formen der bewußten Arbeitsbeschränkung vorkommen müßten. Die entscheidende Frage wurde etwa so formuliert: „Haben Sie sich, wenn immer Sie mit Ihrem Einkommen oder Ihren Arbeitsbedingungen unzufrieden waren, vor solchen Tätigkeiten gedrückt, zu denen Sie nicht unbedingt verpflichtet sind, die Sie aber normalerweise aus freien Stücken tun?" Die Frage wurde sinngemäß den drei Stufen des Berufsstandes angepaßt, blieb aber in jedem Falle auf die Möglichkeit irgendeiner Form der Leistungsbeschränkung ausgerichtet. Im übrigen wurde eine Reihe von Zusatzfragen gestellt, die einer genauen Bestimmung der Art der Arbeitstätigkeit, der Höhe und der Sicherheit des Einkommens, der Arbeitsmotivation, der Ausbildung usw. dienen sollten.

Kurz zusammengefaßt bestand das Ergebnis zunächst einmal darin, daß nur etwa ein Viertel aller Befragten jene zentrale Frage bedingungslos mit „ja" beantwortete, also seine Leistung absichtlich beschränkte. Gewisse Unterschiede zeigten sich je nach der Höhe des Einkommens (wobei allerdings zu berücksichtigen ist, daß 12 % der Befragten die Einkommensangabe verweigerten), nämlich in der Weise, daß mit zunehmender Einkommenshöhe tendenziell der Prozentsatz positiver Antworten abnimmt. Während in der Einkommensgruppe von unter 500 £ p. a. 27 % der Befragten eine bejahende Antwort gaben, waren es 25 % in der Gruppe 500 £ bis 800 £ und 19 % in der höchsten Einkommensgruppe von über 800 £ p. a.

Danach gewinnt es den Anschein, als ob die Leistungsbeschränkung eine verhältnismäßig geringe Rolle spielt. Indessen müssen wir berücksichtigen, daß eine Verneinung der Leistungsbeschränkung keineswegs so ausgelegt werden darf, als sei damit bereits *grundsätzlich* über die Beziehung der Arbeitsmühe zum Arbeitseinkommen negativ entschieden. Denn das wirklich Entscheidende ist ja nicht die Antwort selbst, sondern die Art und Weise der Reaktion des Befragten, die sich in der Begründung seiner Antwort ausprägt. In der Tat waren die Begründungen sehr verschiedenartig. Beispielsweise verneinten viele die Leistungsbeschränkung lediglich deshalb, weil sie den damit verbundenen Verdienstausfall nicht in Kauf nehmen wollten. Andere wiederum erklärten, sie würden es vorziehen, ihre Unzufriedenheit über die unangemessene Arbeitsmühe durch eine Beschwerde beim Vorgesetzten zum Ausdruck zu bringen. Eine weitere Gruppe hielt es für besser, die Stellung zu kündigen. In all diesen Fällen wird zwar die Leistungsbeschränkung abgelehnt, aber dennoch der Vergleich von Arbeitsmühe und Einkommen im Sinne der angemessenen Aufwandsentschädigung prinzipiell nicht von der Hand gewiesen. Anders ist es dagegen, wenn die Leistungsbeschränkung aus moralischen Gründen verworfen wird. Eine solche Grundeinstellung liegt dann vor, wenn der Befragte auf seine Gewissenhaftigkeit oder sein Verantwortungsgefühl hinweist, oder etwa darauf, daß er so stark an seiner Berufsarbeit interessiert sei, daß für ihn ein etwaiger Vergleich zwischen Mühe und Bezahlung gar nicht in Frage käme (z. B. „In meinem Beruf kann man so überhaupt nicht denken!"). Die wichtigsten Unterschiede in der Motivierung der Antworten sind unter Berücksichtigung der drei Berufsgruppen in der nachstehenden Übersicht angedeutet. Zwei Ergebnisse zeichnen sich in ihr scharf ab. (1) Die „kaufmännische" Bewertung der Aufwandsentschädigung, d. h. der Vergleich der aufgewendeten Mühe mit dem erzielten Einkommen verliert mit steigendem Berufsstatus an Bedeutung, während die Betonung des Pflichtbewußtseins eine entsprechend zunehmende Rolle spielt. (2) Immerhin fehlt der Gesichtspunkt der Arbeitspflicht bei den Industriearbeitern keineswegs völlig, wie andererseits der Vergleich der aufgewendeten Arbeitsmühe mit den erzielten Einkommen für die Angestellten sowie auch für die höheren Berufe von zwar untergeordneter, aber doch recht beachtlicher Bedeutung ist[14].

Außerdem führten einige der auf die Arbeitsmotivierung bezogenen Ergänzungsfragen zu einem besseren Verständnis der hier relevanten Wertvorstellungen, obwohl die Beobachtungen darüber lückenhaft blieben und sich nicht quantifizieren ließen. So ergab sich, daß das Einkommen häufig ein Symbol für Ziele ist, die um ihrer selbst willen, also unabhängig vom Gesichtspunkt der Arbeitsmühe, erstrebt werden. Ein solches Ziel ist die gewohnte oder auch die standesgemäße Lebenshaltung[15]. Die Bedeutung dieses Faktors ist oft diskutiert worden. Weniger bekannt ist dagegen der zumindest eben-

---

[14] Vgl. hierzu Richard *Centers*, Motivational Aspects of Occupational Stratification. Journal of Social Psychology, vol. 28, 1948; ferner Herbert H. *Hyman*, The Value Systems of Different Classes, in: Class, Status and Power, edited by R. *Bendix* and S. M. *Lipset*. Glencoe, Illinois, 1953, S. 426—442.

[15] Im einzelnen vgl. hierzu H. *Pipping*, Standard of Living. The Concept and its Place in Economics. Copenhagen 1953.

Analyse der Einstellungen zur Leistungsbeschränkung	Anzahl der Antworten in jeder Gruppe		
	A	B	C
Unbedingte Bejahung der Leistungsbeschränkung	31	26	18
Bedingte Verneinung: Stellungswechsel wird der Leistungsbeschränkung vorgezogen	10	9	7
Bedingte Verneinung: Beschwerde beim Vorgesetzten oder bei der Gewerkschaft wird der Leistungsbeschränkung vorgezogen	10	6	5
Bedingte Verneinung: auf Grund des durch Leistungsbeschränkung verursachten Verdienstausfalls	15	7	6
Summe der Antworten, bei denen der Vergleich zwischen Arbeitsmühe und Einkommen im Vordergrund des Bewußtseins steht	66	48	36
Verneinung der Leistungsbeschränkung durch Hinweis auf Arbeitsinteresse, Arbeitsfreude, Befriedigung durch die Arbeit	10	14	18
Unbedingte Verneinung: Hinweis auf Pflichtbewußtsein, Verantwortlichkeit oder allgemeine sittliche Grundsätze	16	31	33
Summe der Antworten, bei denen der Vergleich zwischen Arbeitsmühe und Einkommen eine untergeordnete Rolle spielt oder prinzipiell abgelehnt wird	26	45	51
Antwort verweigert, unklare oder keine Stellungnahme	8	7	13
Totalsumme	100	100	100

so wichtige Tatbestand, daß der Wunsch nach angemessener Lebenshaltung unter Umständen so groß sein kann, daß er sich gegenüber dem gleichzeitig vorhandenen Streben nach einem angemessenen Verhältnis zwischen Arbeitsmühe und Arbeitslohn durchsetzt. Der Berufstätige ist sich des ungünstigen Lohnwertes seiner Arbeitsmühe durchaus bewußt, bevorzugt aber *trotzdem* diese Stellung, weil sie die erwünschte Lebenshaltung ermöglicht. Beispiele dafür finden sich besonders unter Akkordarbeitern und Nachtarbeitern, wenn hohe Verdienste mit ungewöhnlich intensiver Anstrengung verbunden sind[16].

Ferner ist es aber auch umgekehrt möglich, daß die Arbeitsmühe unabhängig vom Einkommen, also in einem *absoluten* Sinne bewertet wird. Die Abneigung gegen bestimmte Arbeitsverrichtungen kann so stark sein, daß sie selbst dann nicht akzeptiert werden, wenn die Bezahlung im Verhältnis zur Arbeitsmühe unverhältnismäßig günstig ist. Das sind Jobs, die man *grundsätzlich* nicht annimmt. Sie sind verpönt, weil sie für nicht standesgemäß oder moralisch verwerflich gehalten werden. Aus solchen Gründen wird beispielsweise die Fabrikarbeit von den Angestellten oder — innerhalb der Industriearbeiter — die Arbeit am Fließband von den Facharbeitern abgelehnt. Darüber hinaus macht sich eine „absolute" Schranke im Aufsichnehmen der Arbeitsmühe vielfach auch in der Weise bemerkbar, daß (bei einer gegebenen Tätigkeit) die durchgehende Relativierung des Lohnes auf die Arbeitsmühe an einer bestimmten Stelle plötzlich abgebrochen wird: eine weitere Vergrößerung der Anstrengung wird verweigert, selbst wenn der damit erzielbare Verdienst unverhältnismäßig hoch ist.

Soweit die empirischen Beobachtungen ausreichen, läßt sich zusammenfassend folgendes sagen: Unabhängig vom Lohnsystem kommt besonders unter den Industriearbeitern einem wertenden Vergleich von Arbeitsmühe und Arbeitseinkommen eine zentrale Bedeutung zu. Gleichzeitig jedoch unterliegt diese Grundeinstellung bestimmten Schranken, die durch das Bewußtsein der Arbeitspflicht, den Wünschen nach angemessener Lebenshaltung und nach standesgemäßer Berufstätigkeit gesetzt sind. Unter den Angestellten und in den höheren Berufen ist das Prinzip der Entschädigung des Arbeitsaufwandes zwar auch vorhanden, aber es ist gegenüber dem Berufsinteresse und der Pflichtauffassung von verhältnismäßig untergeordneter Bedeutung.

---

[16] Beobachtungen darüber in der oben erwähnten pilot study wurden durch eine vom Verfasser angeregte Untersuchung über Nachtarbeit bestätigt; das Material findet sich in einer unveröffentlichten Ph. D. Thesis der Universität Birmingham: John C. *McDonald*, Social and Psychological Aspects of Night Shift Work, University of Birmingham 1958.

Daß die Beobachtungen, über die in diesem Abschnitt berichtet wurde, in mehrfacher Hinsicht ergänzungsbedürftig sind, kann nicht bestritten werden. Während wir über die Rolle des Vergleichs von Arbeitsmühe und Entlohnung beim Akkordsystem relativ gut unterrichtet sind, wissen wir von den entsprechenden Erscheinungen beim Zeitlohn noch sehr wenig. Nach welchem Gesichtspunkt bestimmt sich, etwa beim Fließband, das „angemessene" Verhältnis von „zumutbarem" Arbeitstempo und durchschnittlichem Stundenlohn? Wie ermittelt man beim System der überhöhten Zeitlöhne jenes Maß an Arbeitsanstrengung, das zum Zwecke der Konkurrenzfähigkeit erforderlich ist, das aber andererseits auch nicht so stark sein darf, daß es vom Arbeiter trotz der überdurchschnittlichen Verdienste als nicht lohnend abgelehnt werden würde? Noch mysteriöser wird die Frage des richtigen Verhältnisses von Arbeitsmühe und Entgelt, sobald wir uns solchen Tätigkeiten zuwenden, bei denen Veränderungen im Arbeitsaufwand nicht unmittelbar ersichtlich und feststellbar sind, wie vor allem in der Büroarbeit. Der Mangel an einschlägigen Untersuchungen ist hier um so fühlbarer, als diese Fragen zweifellos auch in der Praxis selbst nicht leicht zu beantworten sind, zumal Zeitstudien beim Stundenlohn nicht üblich sind. Soweit man aus gelegentlichen Einblicken urteilen kann, scheint hier die durchschnittliche Arbeitsanstrengung lediglich durch ein intuitives Erfassen des gewohnheitsmäßigen, brancheüblichen Leistungsniveaus bestimmt zu sein. Aber obwohl nun beim Stundenlohn diese eigentümliche Irrationalität der Betriebsorganisation besonders hervorsticht, so dürfen wir doch nicht übersehen, daß die Grundlagen auch eines durch sorgfältige Zeitstudien bestimmten Akkordlohns letzten Endes ebenso sehr in ein undurchdringliches Dunkel gehüllt sind.

Die Grenzen des empirischen Materials auf die wir bei unserer Kritik vorliegender betriebssoziologischer Untersuchungen gestoßen sind, lassen sich nicht allein durch weitere Feldstudien abschreiten. Das sei an dieser Stelle noch einmal ausdrücklich hervorgehoben. Vielmehr fehlt es gegenwärtig an Untersuchungen ganz bestimmter Art, nämlich solchen, die durch neue Fragestellungen zu einem besseren Verständnis jener irrationalen Faktoren der industriellen Organisation führen würden. Denn das eigentlich Problematische, ja Beunruhigende, an unseren Beobachtungen zeigt sich darin, daß wir uns plötzlich einer Tatsachenwelt gegenüber gestellt sehen, die wir nicht verstehen. Sie widerspricht grundsätzlich allem, was wir seit langem von dem durchrationalisierten, kalkulatorischen und streng bürokratischen Wesenszug der modernen Entlohnungsmethoden zu wissen geglaubt haben. Denn die zahlreichen, z. T. höchst detaillierten Untersuchungen über Lohnzeitsysteme, Arbeitsmoral und informelle Gruppen sind jetzt insofern fragwürdig geworden, als in ihnen offenbar eine der wichtigsten Variablen der industriellen Organisation — die Relation von Arbeitsmühe und Arbeitsentgelt — unberücksichtigt geblieben ist. Aus diesem Grunde müßte in Zunkunft jeder Fragebogen, der sich mit der betrieblichen Sozialordnung befaßt, diese Variable mit einbeziehen. Um aber sinnvolle Fragen überhaupt stellen zu können, müssen wir zuerst einmal versuchen, das Wenige, was an relevanten Beobachtungen vorliegt, in seiner fundamentalen Bedeutung für die betriebliche und die industrielle Organisation zu ermessen. Der Eigenart des Problems zufolge wird dabei eine Erörterung methodologischer und theoretischer Gesichtspunkte unvermeidlich sein, die dem Geiste der konventionellen, vorwiegend praktisch orientierten Betriebssoziologie widersprechen. In Anbetracht der ungewöhnlich abstrakten und schwierigen Diskussion, der wir uns nunmehr zuwenden, sei deshalb nochmals betont, daß es im Grunde genommen die *Betriebspraxis* ist, die uns das Rätsel des anscheinend indeterminierten Verhältnisses von Arbeitsaufwand und Arbeitseinkommen stellt.

III. Ist die Soziologie zuständig?

Mit der ungewohnten Perspektive, die sich in den vorstehenden Beobachtungen eröffnet hat, stellt sich von selbst die Frage nach der sinnfälligen Einordnung dieser Beobachtungen in das Gefüge der sozialwissenschaftlichen Arbeitsteilung. Wo lassen sie sich am besten unterbringen? Eine Andeutung, daß das, was wir „Arbeitsmühe" genannt haben, möglicherweise von einschneidender Bedeutung für die Theorie der industriellen Organisation ist, findet sich in einer Abhandlung von H. Simon, Administrative Behaviour[1]. Er weist auf die kuriose Tatsache hin, daß der Arbeitnehmer sozusagen einen Blankoscheck unterschreibt, sobald er einen Arbeitsvertrag eingeht. Der Vertrag regelt zwar eingehend die äußeren Arbeitsbedingungen (Arbeitszeit u. dgl.) sowie die Entlohnung, läßt es aber völlig offen, welcher Grad der Anstrengung, welches Arbeitstempo, was für eine Arbeitsdisziplin damit verbunden sein soll. M. a. W. er enthält nichts über die Relation von Lohn und Arbeitsmühe. Mit der Interpretation dieser merkwürdigen Lücke im Arbeitsvertrag macht Simon es sich verhältnismäßig leicht. Er behauptet, daß solche Dinge dem Arbeitnehmer gleichgültig seien! Die Abwegigkeit dieser Behauptung ist allein schon aus dem Wesen der Akkordarbeit deutlich genug erkennbar. Und sieht man sich Tarifverträge daraufhin etwas genauer an, so zeigt sich, daß die Lücke häufig gefüllt wird, wenngleich nur andeutungsweise und behelfsmäßig. Denn vielfach finden wir hier gewisse Hinweise auf die „Leistung" des Arbeiters, wie z. B. auf einen „gewohnheitsmäßigen" oder „angemessenen" Grad der Arbeitsintensität[2]. Vom Standpunkte der Theorie allerdings bleibt die Lücke bestehen. Hier bedeutet sie nicht eine bloß zufällig vorhandene Unzulänglichkeit der vertraglichen Arbeitsbeziehungen, sondern eine fundamentale Bruchstelle quer durch das gesamte System der Industriewirtschaft. Und sollte niemand in der Lage sein, das Angemessene, das Erforderliche, das

---

[1] New York 1947, S. 115/116.
[2] Vgl. *Van Dusen Kennedy*, Union Policy and Incentive Wage Methods. New York 1945, Chapter 6; s. auch Dieter *Gaul*, Die Arbeitsbewertung in ihrer rechtlichen Bedeutung. Kassel 1954.

menschlich Ertragbare der Arbeitsmühe zu analysieren und abzugrenzen, so bliebe auch die andere Seite des Arbeitsvertrags, d. h. die Bemessung des Lohnes und damit die ganze Lohnstruktur gleichsam in der Luft hängen.

Daß von der konventionellen Betriebssoziologie aus eine theoretische Klärung dieses Problems unmöglich ist, wurde eingangs bereits erwähnt. Aber auch die moderne Arbeitspsychologie läßt uns im Stich. Relevant wäre allenfalls der Begriff der Leistungsfähigkeit, beziehungsweise der davon abgeleitete Begriff der Ermüdung. So könnte man beispielsweise den Lohn als die Entschädigung für einen „angemessenen" Grad der Ermüdung auffassen, einen Ermüdungsgrad etwa, der sich auf die Dauer ohne Beeinträchtigung der physischen Arbeitsfähigkeit aufrecht erhalten ließe. Sehen wir uns daraufhin die heute maßgeblichen Werke an, so finden wir, daß immerhin das *Problem* der indeterminierten Arbeitsmühe mit zunehmender Schärfe erkannt worden ist; zugleich aber auch, daß es bei dem gegenwärtigen Stande der Arbeitsforschung nicht lösbar ist. Denn man weiß jetzt, daß Ermüdung untrennbar mit unmeßbaren psychologischen Faktoren der Arbeitsmotivierung verbunden ist, und zwar in einem solchen Grade, daß die früher so beliebten Untersuchungen zur Messung der Ermüdung als überholt gelten müssen. Ebenso überholt ist deshalb die Frage der „optimalen" Arbeitszeit. In einer umfassenden Übersicht der einschlägigen Forschungen weisen Bartley und Chute insbesondere auf die Notwendigkeit hin, streng zwischen dem physiologisch bedingten körperlichen Erschöpfungszustand (physical impairment) und der psychischen Arbeitsüberdrüssigkeit (psychological fatigue) zu unterscheiden, die sich in spezifisch drepressiven Zuständen der Unlust, Frustrierung und Langweile bemerkbar macht[3]. Bei dem Vorherrschen körperlich leichter, monotoner Verrichtungen in der modernen Industrie sind natürlich die psychischen Faktoren von besonderer Wichtigkeit. In einer scharfsinnigen Kritik der traditionellen Forschung kommt T. A. Ryan zu dem Ergebnis, daß exakte Untersuchungen über die industrielle

---

[3] H. *Bartley* and E. *Chute,* Fatigue and Impairment in Man. New York and London 1947, S. 339 ff. und passim; vgl. ferner E. *Bornemann,* Probleme und Ergebnisse der psychologischen Ermüdungsforschung, in: Ermüdung. Ihre Erscheinungsformen und Verhütung. Lüneburg 1952, S. 46 ff.

Ermüdung einstweilen nicht möglich sind, weil sich die psychischen Komponenten nicht isolieren lassen[4].

Weiterhin erhebt sich die Frage, ob vielleicht die ökonomische Theorie für unser Problem zuständig wäre. Diese Möglichkeit scheint insofern nahezuliegen, als offenbar Variationen in der Bewertung der Arbeitsmühe einen Einfluß auf die Struktur der Löhne ausüben können. Sie müßten daher für die Lohntheorie relevant sein. Indessen liegen hier die Dinge sehr ähnlich wie in der Arbeitswissenschaft: das Problem ist neuerdings entdeckt worden, seine Lösung aber scheint bis auf weiteres unerreichbar. Grundsätzlich erwartet man in der Tat eine Klärung des Problems eher von den Soziologen oder womöglich von einer Kooperation zwischen Ökonomie und Soziologie eigens zu diesem Zweck. Zum Verständnis dieser eigentümlichen Situation müssen wir berücksichtigen, daß unter der Herrschaft der neoklassischen Produktivitätstheorie seit langem an den Beziehungen zwischen Lohn und Arbeitsmühe vorbeigesehen wurde, weil die gesamte Lohntheorie an die Voraussetzung konstanter „Arbeitskosten" (einschließlich Arbeitsmühe) geknüpft blieb. Diese Voraussetzung ermöglichte es, den Marktprozeß der Lohnbildung mit vorbildlicher Eleganz allein von der Seite der Arbeitsnachfrage her theoretisch zu bewältigen. Mit anderen Worten, es wurde unterstellt, daß die vielfältigen Erscheinungen der physischen und psychichen Arbeitsmühe ignoriert werden können, weil sie im großen und ganzen unveränderlich sind. (Das ist übrigens eine Annahme, die, wie wir später sehen werden, nicht ganz so unrealistisch ist, wie sie auf den ersten Blick erscheint). Der Preis aber, der für diese Vereinfachung zugunsten einer formal geschlossenen Lohntheorie gezahlt werden mußte, ist beträchtlich. Wie sowohl F. Fürstenberg und Barbara Wootton unabhängig voneinander nachgewiesen haben, sieht sich die herrschende Theorie dadurch außerstande, gerade diejenigen Aufgaben der Lohnpolitik zu bewältigen, die im Laufe der letzten Jahrzehnte die wirklich entscheidenden geworden sind, nämlich die Fragen der Lohn*struktur*. Dabei geht es um die „angemessene" Beziehung der Löhne und Gehälter nicht nur in ihren Unterschieden für Beruf, Geschlecht, Alter, Geschicklichkeitsgrad usw., sondern auch im Hinblick auf Differenzen der Arbeitsmühe. Vor-

---

[4] T. Arthur *Ryan*, Work and Effort. New York 1947, S. 188 ff.

läufig läßt sich diese Struktur nur historisch-genetisch beschreiben, nicht aber analytisch-theoretisch erklären[5].

Wenn wir über den toten Punkt der gegenwärtigen Lage hinwegkommen wollen, so müssen wir zuerst einmal jene Voraussetzung der gleichbleibenden „Selbstkosten" des Arbeitnehmers etwas näher betrachten. Wir können uns ihre Bedeutung am besten dadurch klarmachen, daß wir den Kostenaufwand zweier verschiedener Berufe miteinander vergleichen, sagen wir also den des gelernten und des ungelernten Arbeiters in einem gegebenen Wirtschaftszweig. Der Lohnunterschied ist hier deswegen berechtigt, weil er eine Entschädigung für die entbehrungsvolle Zeit der Ausbildung darstellt. Insofern kann also der Lohn teilweise als das Entgelt für die zur Erlangung eines bestimmten Berufes erforderlichen Opfer aufgefaßt werden: er dient dem Ausgleich dessen, was man Unterschiede in den „Ausbildungkosten" nennen könnte. Selbstverständlich kann es sich dabei nur um eine Komponente des Lohnes handeln, eine Komponente, die beim ungelernten Arbeiter gleich 0 ist. Weiterhin können wir uns vorstellen, daß die Komponente der Ausbildungskosten von dieser Basis ab parallel mit der Lohn- und Gehaltspyramide ansteigt. Es ist dann anzunehmen, daß sich durch den Marktprozeß ein Gleichgewicht zwischen der Schichtung der Ausbildungskosten und der Lohnstruktur herstellt. Wäre z. B. der relative Lohn der gelernten Arbeiter niedriger als es ihren Ausbildungskosten entspricht, so würde sich ihr Angebot so lange verringern, bis die dadurch verursachte Lohnsteigerung zu einem neuen Gleichgewicht führt. Das ist im Prinzip nicht nur die Auffassung der theoretischen Ökonomie, sondern sie ist auch in der Praxis verbreitet, sowohl in Unternehmerkreisen wie unter Gewerkschaftlern. In der Praxis verbindet sie sich mit allerdings recht vagen Vorstellungen von einer „gerechten Lohnstruktur" („equity"). Die Tatsache aber, daß der Glaube an einen inneren Zusammenhang zwischen Ausbildungskosten und Lohnstruktur so fest eingewurzelt ist, ändert nichts daran, daß es sich dabei nur um eine Fiktion handelt. Denn obwohl es technisch möglich wäre, die Struktur der relativen Ausbildungskosten zu messen, so ist das nie geschehen. Aus Gründen der Vor-

---

[5] F. *Fürstenberg*, Lohnstruktur, a.a.O., S. 77 ff., 103 f.; Barbara *Wootton*, The Social Foundations of Wage Policy. London 1955, S. 11 ff.

sicht empfiehlt es sich daher, die Frage einer eindeutig bestimmten Relation von Ausbildungskosten und Lohnpyramide offen zu lassen.

Auf die tatsächliche Gestalt der Relation von Ausbildungskosten und Lohnpyramide kommt es auch gar nicht an. Sie ist weder theoretisch noch praktisch ein relevantes Problem. Für unsere Zwecke genügt die Unterstellung, daß — *bis zu einem gewissne Grade* — die Lohnstruktur die Tendenz hat, sich den Ausbildungskosten anzupassen. Bis zu welchem Grade, das hängt von solchen Komponenten des Lohnes ab, die *nicht* zu den Ausbildungskosten gehören. Diese Komponenten werden nun zum eigentlichen Problem. Es ist leicht zu ersehen, daß es das Problem der Arbeitsmühe ist, welches wir auf diese Weise theoretisch isoliert haben. Denn jetzt lassen sich die gesamten „Selbstkosten" der menschlichen Arbeit in zwei grundlegende Komponenten aufteilen, die Ausbildungskosten und die Arbeitsmühe. Und wenn wir weiterhin die Struktur der Ausbildungskosten konstant halten, so erreichen wir damit, daß die Variabilität der Arbeitsmühe um so schärfer ins Licht tritt. Das heißt also, wir haben auf diese Weise eine theoretische Vereinfachung des Zusammenhangs von Arbeitsmühe und Lohn erzielt.

Es besteht nun die Möglichkeit, auf ähnliche Weise noch eine andere Komplizierung aus dem Wege zu räumen. Abgesehen von dem störenden Einfluß der Ausbildungskosten ist die spezifische Rolle der Arbeitsmühe auch deshalb schwer zu erkennen, weil sie mit all dem verbunden ist, was als *psychisches* Einkommen der Berufstätigen gebucht werden könnte, nämlich Berufsinteresse, sogenannte Arbeitsfreude, gesellschaftlicher Berufsstatus usw.[6].

Indem wir auch diese Faktoren in ihrer unterschiedlichen Struktur von Beruf zu Beruf konstant halten, so bedeutet das eine weitere Vereinfachung unserer Betrachtungen. Dabei sind jedoch gewisse Bedenken nicht leicht zu unterdrücken. Das psychische Einkommen steht sozusagen auf der positiven Seite der Bilanz von Arbeitsselbstkosten und Arbeitseinkommen. Es wäre jedoch voreilig, etwa anzunehmen — wie es die neoklassische Theorie tut —, daß sämtliche Komponenten der Bilanz sich automatisch durch den Marktprozeß in ein grandioses Gleichgewichtssystem umsetzen. Davon kann keine Rede sein. Denn wenn das zuträfe, so müßte eine Ten-

---

[6] Vgl. hierzu die grundlegenden Erörterungen *von Ferbers*, Arbeitsfreude, a.a.O., S. 79 ff., 98 ff.

denz zum Ausgleich von psychischen und pekuniären Einkommen bestehen. Es müßte etwa ein bestimmtes Maß an Arbeitsfreude, ceteris paribus, für ein relativ niedriges Geldeinkommen kompensieren können. Gewiß ist das hier und dort der Fall. Ein naheliegendes Beispiel ist der Forscher, der aus innerer Befriedigung die akademische Tätigkeit bevorzugt, obgleich er in der Industrie ein wesentlich höheres Gehalt beziehen würde. Aber das Umgekehrte läßt sich auch beobachten, besonders innerhalb der Industrie selber: je höher das Arbeitseinkommen, um so intensiver, nachhaltiger und vielseitiger ist das Berufsinteresse. Eine Klärung dieser Angelegenheit muß der empirischen Forschung überlassen bleiben. Die vereinfachende Voraussetzung konstanter psychischer Einkommen kann deshalb einstweilen auch nur so verstanden werden, daß auf einer gegebenen Stufe der beruflichen Hierarchie eine tendentiell feste Beziehung von Arbeitsfreude und Arbeitsmühe unterstellt wird. Das entscheidende Problem bleibt dann der spezifische Zusammenhang von Arbeitsmühe und Arbeitseinkommen.

Es eröffnet sich damit ein sehr weites und fast noch völlig unbearbeitetes Feld der sozialwissenschaftlichen Forschung. Denn, wie wir gesehen haben, ist dieses Problem in seiner Allgemeinheit und in seiner grundsätzlichen Bedeutung von den dafür zuständigen Disziplinen vernachlässigt worden. Ob es im wesentlichen ein soziologisches Problem ist, läßt sich nicht leicht sagen. Zur Beantwortung der Frage müssen wir uns hier einen Moment mit der jüngsten Entwicklung der allgemeinen soziologischen Theorie beschäftigen.

Diese Entwicklung hat im Laufe etwa der letzten dreißig Jahre, besonders in Amerika, ein außerordentlich reichhaltiges und vielseitiges Schrifttum hervorgebracht und zahlreiche, vielfach noch ungelöste Streitfragen ausgelöst. Immerhin ist man sich jedoch darüber einig, daß im Zentrum dieser Gedankenwelt eine spezifisch neue Erkenntnis steht, die durch das Zusammentreffen und die schließliche Verschmelzung von zwei Richtungen der sozialwissenschaftlichen Forschung zustande kam. Die eine Richtung — die in ihrem Ursprung u. a. auf Summer, Durkheim und Weber zurückgeht, manifestiert sich in jener klassischen Theorie, wonach die in einem gegebenen gesellschaftlichen System geltenden Werte (bzw. Sitten, Normen, Ideale) eine organisierende Funktion ausüben; die Werte lenken das Verhalten des Individuums, indem sie ihm bestimmte Formen der Lebensführung als sittlich geboten vorschreiben. Die jeweilige Struktur der Werte, wie sie sich in den Konventionen der verschiedenen Gruppen, Schichten und Milieus einer Gesellschaft niederschlägt, ist überindividuell und insofern quasi objektiv: sie ist dem Einzelnen als ein äußeres, unbeeinflußbares Datum vorgegeben. Diese Theorie war mit einer Schwäche behaftet, die für lange Zeit als unüberwindbar angesehen wurde. Sie war nämlich nicht in der Lage, die konkreten psychologischen Prozesse aufzuweisen, durch die das Individuum *gezwungen* wird, sich jenen gesellschaftlichen Normen zu fügen. Dies gelang erst durch die Ergebnisse einer anderen, sich zunächst unabhängig entwickelnden Forschungsrichtung: der modernen Sozialpsychologie[7]. Deren wichtigster Beitrag lag in der These, daß die Charakterstruktur eines Menschen durch einen Prozeß der Verinnerlichung (internalisation) der gesellschaftlichen Werte bestimmt ist: durch den Einfluß von Erziehung, Vorbild und Erfahrung macht sich der Mensch schon in der frühen Kindheit die ihn umgebenden gesellschaftlichen Wertvorstellungen zu eigen. Im Endeffekt sind also die jeweils in einer sozialen Gruppe geltenden Werte *zugleich* ein quasi objektives Milieu *und* ein subjektivpsychologisches Motiv des sittlich vorgeschriebenen Verhaltens. Die Charakterstruktur des Einzelnen, die sein Handeln motiviert, ist insofern ein Abbild der Struktur der Werte bestimmter gesellschaftlicher Gruppen, Schichten oder Klassen.

Dieser knappe und notgedrungen oberflächliche Hinweis auf den gegenwärtigen Stand der soziologischen Theorie soll hier lediglich dazu dienen, um die Zuständigkeit der Soziologie für die allgemeinen Probleme der Arbeitsmotivierung zu begründen. Infolge des außerordentlich hohen Grades der Abstraktion ist allerdings die Anpassung der Theorie an den konkreten Sachverhalt der industriellen Arbeit ziemlich schwierig und in mancher Hinsicht noch problematisch. Auf alle Fälle bietet aber der Begriff der verinnerlichten Struktur der gesellschaftlichen Werte, Konventionen und Normen einen zuverlässigen Anhaltspunkt. Auf unsere empirischen Beobachtungen angewandt heißt das, daß jene Erscheinungen der mehr oder weniger angemessenen Arbeitsmühe, der Arbeitspflicht und des standesgemäßen Arbeitseinkommens ein Produkt gesellschaftlicher

---

[7] Hier waren die folgenden Werke besonders einflußreich: Muzafer *Sherif*, The Psychology of Social Norms. New York 1936; George H. *Mead*, Mind, Self and Society. Edited by C. W. Morris. Chicago 1950.

Wertvorstellungen sind. Obwohl sie vom Standpunkt des einzelnen Individuums subjektiv, unbestimmt und unbeständig sind, können sie trotzdem vom wissenschaftlichen Beobachter auf der Ebene der Vergesellschaftung als etwas quasi Objektives interpretiert werden, etwa folgendermaßen: In schematischer Vereinfachung können wir das Verhalten eines Berufstätigen als die Resultante von zwei Motivkomplexen auffassen, die einander entgegengesetzt sind, die Arbeitsziele und die Arbeitswiderstände. Unter den Arbeitszielen ist im allgemeinen das Arbeitseinkommen (mit seinen verschiedenen Funktionen der Existenzsicherung, der standesgemäßen Lebenshaltung usw.) am wichtigsten. Arbeitswiderstände sind die Erscheinungen der Ermüdung, der Anstrengung, der Monotonie, der Frustrierung. Ob wir also in unserer Arbeitstätigkeit fleißig oder träge, gewissenhaft oder nachlässig, ausdauernd oder unbeständig sind, das hängt von dem Zusammenwirken dieser beiden psychologischen Faktoren ab; insofern haben wir es mit subjektiven Erlebnisinhalten zu tun, die als motivierende Kräfte fungieren. Jedoch ändert dies nichts an der Tatsache, daß die *besondere Art und Weise* dieser Erlebnisse in einer bestimmten Arbeitssituation durch und durch gesellschaftliche, d. h. überindividuelle Phänomene sind. Es ist freilich gar nicht so leicht, sich auf eine solche Betrachtungsweise umzustellen, denn im Grunde widerstrebt es uns allen, subjektiv Erlebtes, das doch immer so selbstverständlich als spontan und persönlich-individuell erscheint, als einen von gesellschaftlichen Bedingungen erzeugten kollektiven Tatbestand zu verstehen. Ein besonders fruchtbarer Begriff für diese Umstellung ist die „Definition der Situation"[8]. In unserem Zusammenhang bedeutet er, daß die gesamte Umgebung des Arbeiters, in der er sich jeweils befindet, von ihm so ausgelegt, so definiert wird, daß dabei immer schon vorgegebene Interpretationen in sie hineinprojiziert werden. Wenn z. B. eine bestimmte Arbeitsverrichtung, sagen wir das Zusammensetzen von Motoren am Fließband, von einem Arbeiter als leicht oder schwer, verhältnismäßig angenehm oder stumpfsinnig, zu schnell oder zu langsam oder sonst wie empfunden wird, so heißt das tatsächlich: sie wird von ihm so definiert. Diese Definitionen erstrecken sich nicht nur auf die Arbeit selbst, sondern ebenso auch auf

---

[8] Der Begriff stammt von W. I. *Thomas* and Florian *Znaniecki*, The Polish Peasant in Europe and America. Boston 1918—1921, vol. 3, S. 21 ff., 48 f.

die Arbeitsziele, insbesondere auf die als angemessen oder unangemessen definierte Entlohnung.

Es liegt auf der Hand, daß die Definitionen der Arbeitnehmer gesellschaftlich strukturierte Produkte sind. Jeder Berufstätige besitzt ein Reservoir solcher Definitionen, das sich allmählich im Laufe seiner Erziehung und seiner ständigen Beeinflussung durch das berufliche Milieu formt. So erklärt es sich auch, daß das Reservoir der Definitionen nach verschiedenen Merkmalen hin strukturiert ist und z. B. nach Geschlecht, Alter, Berufsart, Ausbildung, Dienstzeit, Berufsstand, sozialer Abkunft typische Differenzierungen aufweist. Wir beobachten etwa, daß Frauen im allgemeinen die gleiche Arbeitssituation ganz anders interpretieren als Männer, Jugendliche anders als ältere Arbeiter, gelernte Handwerker wiederum anders als ungelernte Schwerarbeiter. Das gilt für das Arbeitseinkommen genau so wie für die Arbeitsmühe. Am Beispiel der Frauenarbeit in der Industrie lassen sich diese Dinge vielleicht am besten veranschaulichen. Die Monotonie der mechanischen Fließarbeit wird von Frauen bekanntlich im allgemeinen ohne besondere Schwierigkeiten ertragen; aber das ist nicht etwa physiologisch begründet, sondern eben darin, daß die industrielle Erwerbstätigkeit von Frauen von vornherein anders als von Männern definiert wird. Sie stellen von Hause aus geringere Ansprüche im Hinblick auf sinnvolle und befriedigende Erwerbstätigkeit, und zwar aus Gründen gesellschaftlich bedingter Einflüsse in Erziehung, Schulausbildung, Familie und kultureller Tradition. Ähnlich läßt es sich auch erklären, daß sie u. U. (in England z. B.) sich mit geringerer Bezahlung bei gleicher Arbeit und mit geringerer Erwerbssicherheit begnügen, umgekehrt aber ihre Ansprüche höher sind bezüglich kürzerer Arbeitszeit, Rastpausen, 5-Tage-Woche und günstigeren Schichtwechsels.

Daß alle Definitionen des Berufslebens gesellschaftlich strukturiert sind, ist indessen nur einer ihrer Wesenszüge. Hinzu kommt, daß sie historischen Wandlungen unterliegen. Während der letzten Jahrzehnte hat sich in den hochentwickelten Industrieländern die Abneigung gegen schwere, gefährliche, unsaubere oder gesundheitsschädliche Arbeitsbedingungen ständig und unaufhaltsam verstärkt. Ähnlich hat sich überall die Kritik an der Unsicherheit des Arbeitseinkommens verschärft. Noch weiter zurück läßt sich das Streben nach Arbeitszeitverkürzung und der Anspruch auf sinnvolle Freizeitgestaltung verfolgen. Gleichermaßen hat sich der Grad der Arbeitsmühe, der noch als ertragbar angesehen wird, zunehmend verringert: eine Arbeitsanstrengung, die den Genuß der Freizeit wesentlich behindert, wird vielfach nicht mehr akzeptiert.

Ein weiteres Merkmal der strukturell differenzierten, historisch wandelbaren Definitionen ist ihr normativer Charakter. Das bedeutet, daß häufig die in eine bestimmte Lage hineinprojizierte Definition nicht einfach nur eine sachliche Aussage, sondern bereits eine wertende, also ablehnende oder anerkennende Einstellung zum Inhalt hat. Definitionen, die in dieser Weise eine moralische Bewertung ausdrücken, können am zweckmäßigsten als „normative Erwartungen" bezeichnet werden[9]. Ein prägnantes Beispiel dafür sind die Beobachtungen über gravy-jobs und stinkers, denn in ihnen bekundet sich ein Werturteil über die gerechte oder ungerechte Verteilung der Arbeitslast im Verhältnis zum Arbeitslohn. Allgemeiner gesagt: Normative Erwartungen gegenüber der Arbeitswelt liegen immer dann vor, wenn eine Situation als „angemessen", „zumutbar", „gerechtfertigt" (oder auch umgekehrt) definiert und dementsprechend ausgewertet wird. Diese normative Einstellung durchdringt die ganze Erlebniswelt der Arbeit, sie erstreckt sich selbst auf die kleinsten, scheinbar unwichtigen Details sowohl der technischen wie der sozialen Betriebseinrichtung. Und selbstverständlich beeinflußt sie auch den Prozeß der Lohnbildung.

Somit lassen sich also gesellschaftstheoretische Betrachtungen ohne weiteres auf unsere empirischen Ergebnisse anwenden. Für eine zureichende Analyse ist jedoch noch ein weiterer Schritt notwendig.

---

[9] In der angelsächsischen Fachliteratur spricht man hier von „normative expectations", „role-expectations" oder „value-orientations"; vgl. vor allem Talcot *Parsons*, The Social System. Glencoe, Illinois, 1951; außerdem, im sozialökonomischen Zusammenhang, Talcott *Parsons* and Neil J. *Smelser*, Economy and Society. London 1956, insbesondere S. 175 ff.; W. *Baldamus*, A Theory of Industrial Administration, in: Brit. Journal of Sociology, vol. 8, 1957; vgl. ferner auch G. *Eisermann*, a.a.O., S. 15 ff., der auf Grund des Begriffes der „Erwartungen" eine kooperative Annäherung zwischen soziologischer und ökonomischer Theorie konstruiert. Obwohl wir grundsätzlich diesen Ausführungen zustimmen, müssen wir doch zu bedenken geben, daß hier die Schwierigkeiten einer solchen Kooperation unterschätzt werden; denn der Ausdruck „Erwartungen" (expectations) weist in der Soziologie auf sittliche Ansprüche hin, während in der Wirtschaftstheorie das Schwergewicht auf zeitliche (ex ante) Erwartungen gelegt wird: siehe J. M. *Keynes*, The General Theory of Employment, Interest and Money. London 1937, S. 46 ff.

Die gesellschaftlichen Definitionen, einschließlich der normativen Erwartungen, sind zunächst immer nur ideelle Vorstellungen. Es sind keine Dinge, keine physischen Objekte. Und obgleich solche Vorstellungen u. U. ungewöhnlich stabil sein können — vor allem innerhalb informeller Gruppen, wo sich die jeweils geltenden Symbole und Faustregeln des richtigen Verhaltens besonders stabilisierend auswirken —, so bleibt in ihnen dennoch ein Element der Ungewißheit und damit der individuellen Freiheit haften. Es ist deshalb zu betonen, daß unter gewissen Voraussetzungen die Definitionen mit den *dinglichen* Aspekten einer Situation verschmelzen; sie werden in dingliche, konkrete Sachverhalte hineininterpretiert und erhalten dadurch ein viel höheres Maß an Präzision als es sonst der Fall wäre. Soweit es sich hier um normative Erwartungen handelt, könnte man von einem Prozeß der *„normativen Verdinglichung"* sprechen. Der Vorgang läßt sich in Institutionen jeder Art beobachten, scheint aber im Bereiche ökonomischer und industrieller Einstellungen bzw. Verhaltensweisen eine besonders große Rolle zu spielen. Wenn man beispielsweise vom „angemessenen" Profit spricht, oder von einem „guten Betrieb", einem „gerechten Lohn" oder von „schlechten Arbeitsbedingungen", so liegt jedesmal eine Verbindung von wertenden Vorstellungen und dinghaften Gebilden vor. Die Beobachtungen über normative Erwartungen im Zusammenhang von Arbeitsmühe und Lohn fallen offensichtlich unter diese Kategorie, denn ihre Eigentümlichkeit besteht eben darin, daß die verhältnismäßig vagen Komponenten der Arbeitsmühe mit der exakten — dinglich greifbaren — Bezahlung zu einer einzigen, homogenen Definition verschmolzen werden. So erklärt sich aus dem Prozeß der normativen Verdinglichung die auffallende Sicherheit, mit der die guten und schlechten Arbeitsplätze oder die angemessenen und unangemessenen Stücklöhne miteinander verglichen und ausgehandelt werden können.

Die Transformation allgemeiner Vorstellungen in spezifisch verdinglichte Erwartungen ist vielleicht am deutlichsten beim Eintritt in das Berufsleben zu sehen. Das Reservoir der gesellschaftlichen Werte des jugendlichen Arbeiters, das hauptsächlich aus dem Einfluß der Familie und der Schule stammt, ist zunächst noch verhältnismäßig unartikuliert und abstrakt. Erst wenn er sich allmählich in das Milieu eines bestimmten Arbeitsplatzes einlebt, „lernt" er sozusagen mit den technischen Geschicklichkeiten zugleich auch die feineren Nuancen jener konkreten, verdinglichten Normen des richtigen Verhaltens, die in seiner neuen Umgebung üblich sind. Gewisse rudimentäre Ideen der Arbeitspflicht, beispielsweise, die ihm in früher Jugend von Eltern und Lehrern anerzogen wurden, verdichten sich nun zu konkreten Maßstäben etwa des Mindestbetrages an täglicher Produktion, zu dem er sich verpflichtet fühlt. Die Grundeinstellung der ökonomischen Abwägung von Arbeitsmühe und Verdienstchance konkretisiert sich in der genauen Einschätzung eines „anständigen" Lohnes oder einer im Verhältnis zur Bezahlung besonders „günstigen" Arbeitsverrichtung. Bestimmte Tätigkeiten, spezifische Formen der Entlohnung, gewisse Aspekte der Arbeitszeitgestaltung werden grundsätzlich verpönt oder bevorzugt, usw.

Zusammenfassend können wir feststellen, daß die industrielle Arbeitswelt, einschließlich der Lohnbildung, in ihrem Wesenskern Gegenstand der Soziologie ist. Zugleich müssen wir aber nach dem Vorstehenden damit rechnen, daß eine eingehende Analyse der normativen Erwartungen in diesem Gebiet erhebliche Anforderungen an das Vorstellungsvermögen des wissenschaftlichen Beobachters stellen wird. Denn er muß sich dabei mit seiner Begriffsbildung in eine Welt hineindenken, die ihm von Hause aus zum großen Teil fremd ist. Besonders schwierig ist es, die komplizierten Wertbeziehungen zwischen Arbeitsaufwand und Arbeitseinkommen begrifflich auf einen Nenner zu bringen. Zu diesem Zwecke möchten wir den Begriff *„relative Arbeitsmühe"* vorschlagen. Er bezieht sich auf jenen eigentümlichen Vorgang des Abwägens des Arbeitsaufwandes im Verhältnis zum Lohn, also auf die als lohnend oder nicht lohnend bewertete Arbeitsmühe. Dabei ist es gleichgültig, ob im einzelnen Falle die Arbeitsmühe als gegeben und der auf sie bezogene Lohn als variabel betrachtet wird, oder ob umgekehrt ein gegebener Lohn auf eine veränderliche Arbeitsmühe bezogen wird. Praktisch sind beide Vorgänge möglich, aber im Endeffekt laufen sie natürlich auf dasselbe hinaus, nämlich immer auf die durchgehende Relativität von Arbeitsmühe und Arbeitslohn. Da nun der Lohn eine sehr allgemeine Kategorie des industriellen Betriebes darstellt, so muß die mit ihm zu vergleichende Arbeitsmühe ebenfalls in einem umfassenden Sinne ausgelegt werden. Wir werden deshalb den Ausdruck „Arbeitsmühe" so verwenden, daß er den gesamten psychischen und physischen Aufwand des Arbeitnehmers umschließt, der erforderlich ist, ein bestimmtes Entgelt in der Form des Lohnes zu erlangen. Dazu gehört nicht nur, daß die industrielle Arbeit im allgemeinen mehr oder weniger ermüdend, stumpfsinnig, schmutzig, gefährlich, unsicher und erniedrigend ist, sondern auch, daß mit ihr ein bestimmtes Maß an „Betriebszwang" (oder „Betriebsdisziplin") in Kauf genommen werden muß.

Ferner müssen wir berücksichtigen, daß die Relation der Arbeitsmühe zum Lohn innerhalb eines Betriebes je nach der Art des Berufs oder der Arbeitsverrichtung verschieden sein kann. Gute und schlechte Arbeitsplätze können nebeneinander bestehen, und diese Differenzierung der relativen Arbeitsmühe muß als variabel behandelt werden. So kommen wir zu dem Begriff der (mehr oder weniger ausgeglichenen oder differenzierten) *„Struktur"* der relativen Arbeitsmühe. Für das richtige Verständnis dieses Strukturbegriffs ist es nun von größerer Wichtigkeit, zwei grundverschiedene Aspekte zu unterscheiden, die wir als „berufliche" und „betriebliche" Funktion bezeichnen wollen. In der *beruflichen* Funktion einer bestimmten Struktur der relativen Arbeitsmühe werden die Vor- und Nachteile verschiedener Arbeitsplätze *von Arbeiter zu Arbeiter* miteinander verglichen. Man empfindet es als unfair, einen Job mit besonders knappen Akkordsätzen ausüben zu müssen, während die Arbeitskollegen sich weniger knapper oder gar reichlicher Sätze erfreuen. Ein und dieselbe Struktur der relativen Arbeitsmühe kann nun aber gleichzeitig auch in einem völlig anderen Sinne interpretiert werden: die Differenzierung von schlechten und guten Arbeitsstellen kann unter dem Gesichtspunkt der *Betriebskosten und -gewinne* beurteilt werden und dann haben wir es mit der *betrieblichen* Funktion zu tun. Knappe Sätze bedeuten dann, daß der Unternehmer einen besonderen Vorteil einsteckt, während bei den reichlichen Akkorden der Arbeiter besser wegkommt. Ob tatsächlich die eine oder die andere Funktion in Erscheinung tritt, hängt unmittelbar vom Betriebsklima ab. So lange es keine ernstlichen Spannungen zwischen Arbeitgeber und Arbeitnehmer gibt, steht die berufliche „Definition der Situation" im Vordergrund des Bewußtseins; dies führt durch Austausch und Verhandlungen zu einer Milderung der Unterschiede im Gefüge der relativen Arbeitsmühe. Sobald aber die Atmosphäre des Arbeitskampfes vorherrscht, so wird die gleiche Situation als eine Angelegenheit der angemessenen Verteilung der Produktivitätsgewinne zwischen Unternehmer und Arbeiter definiert. (Ein eindrucksvolles Beispiel hierfür ist ein von

D. Roy geschilderter Kampf um die Senkung eines bestimmten Akkordsatzes, der vom Zeitnehmer als unrentabel, von den Arbeitern dagegen als zu knapp betrachtet wurde)[10]. Die eigentümliche Doppelfunktion der Struktur der relativen Arbeitsmühe ist ein gutes Beispiel für die soziologisch wichtige Tatsache, daß es niemals allein auf die tatsächlichen Verhältnisse ankommt, sondern vor allem darauf, wie sie von den Beteiligten definiert werden. In dem Maße wie sich beispielsweise die Beziehungen zwischen Arbeitgeber und Arbeitnehmer während eines Lohnkampfes verschlechtern, besteht bei den Arbeitnehmern die Tendenz, *sämtliche* Arbeitsstellen des Betriebes ungünstig zu bewerten, selbst wenn vorher zumindest einige Arbeitsstellen als vorteilhaft angesehen wurden. So wird gegebenenfalls der Betrieb im ganzen, bzw. der Unternehmer als „gut" oder „schlecht" bewertet.

Es liegt nun im Wesen der Doppelfunktion der relativen Arbeitsmühe, daß in jeder gegebenen Sitiuation, vom Standpunkte des wissenschaftlichen Beobachters gesehen, stets *beide* Funktionen, die betriebliche sowohl wie die berufliche, beachtet werden müssen, gleichgültig, ob tatsächlich die Situation von den Beteiligten in dem einen oder dem anderen Sinne definiert wird. Wenn also in einem Werk, in dem inner-gewerkschaftliche Reibereien an der Tagesordnung sind, allein der berufliche Aspekt der relativen Arbeitsmühe diskutiert wird, so kann nichtsdestoweniger vom Beobachter auch die Frage der betrieblichen Funktion aufgeworfen werden. Und umgekehrt besteht das Problem der beruflichen Funktion für die soziologische Analyse selbst dann, wenn die Lage so stark von dem Interessenkampf zwischen Arbeitgeber und Arbeitnehmer beherrscht wird, daß sie von den Betriebsangehörigen ausschließlich im Sinne der betrieblichen Funktion interpretiert wird. Dementsprechend wird derjenige Aspekt der relativen Arbeitsmühe, der den Beteiligten *nicht* bewußt wird, als latente Funktion behandelt werden können (z. B. nach der auf Robert Merton zurückgehenden „latenten Strukturanalyse"). Übrigens muß hier auch berücksichtigt werden, daß häufig beide Funktionen latent sind; das ist dann der Fall, wenn Lohnkämpfe ohne Berücksichtigung der Arbeitsmühe, d. h. der Arbeitsbedingungen, durchgeführt werden; hierbei wird

---

[10] Donald *Roy*, a.a.O., S. 437 f.; eine ähnliche Situation behandelt Charles R. *Walker*, Toward the Automatic Factory. New Haven 1958, S. 83.

stillschweigend vorausgesetzt, daß die Arbeitsbedingungen unverändert bleiben.

Zur Vervollständigung unserer Begriffsapparatur müssen wir schließlich noch eine besondere Schwierigkeit in Betracht ziehen. Arbeitsmühe und Lohn sind je nach Beruf, Industrie und Wirtschaftszweig auf den ersten Blick hin so unterschiedlich, daß sie überhaupt nicht vergleichbar zu sein scheinen. In der Praxis ist das alles viel einfacher. Denn in einer konkreten Situation beschränkt sich die Differenzierung der Struktur der relativen Arbeitsmühe immer auf einen recht engen, leicht übersehbaren Spielraum. Dort braucht man nur solche Lohn- und Arbeitsbedingungen zu vergleichen, die verhältnismäßig ähnlich und gewissermaßen eng benachbart sind. Für den Zweck soziologischer Analysen muß dagegen eine wesentlich größere Abstufung der Komponenten der relativen Arbeitsmühe berücksichtigt werden. Deshalb führen wir hier den Begriff des *„Niveaus"* der relativen Arbeitsmühe ein. Darunter verstehen wir, bei einer *gegebenen* Struktur, die durchschnittliche Höhe des Lohnes, bzw. der Arbeitsmühe je nach der Art des Wirtschaftszweiges, des Betriebes, des Standorts usw. Nehmen wir einmal an, wir vergleichen zwei Industrien, die so verschiedenartig sind wie etwa der Bergbau und die Textilindustrie; im Durchschnitt wird das Niveau des Lohnes und der Arbeitsmühe im Bergbau wesentlich höher sein als in der Textilindustrie, und zwar völlig unabhängig von der jeweiligen Struktur der relativen Arbeitsmühe. Der Begriff des Niveaus ist ferner auch für die Beschreibung säkularer Veränderungen erforderlich. Offensichtlich sind z. B. in den verschiedenen Industriezweigen die heute akzeptabel erscheinenden Belastungen oder Anstrengungen geringer und die Lohnerwartungen höher als in früheren Zeiten. Eine bestimmte Situation kann infolgedessen immer durch zwei Hauptmerkmale beschrieben werden, einmal durch den Strukturbegriff des „guten" oder „schlechten" Verhältnisses von Mühe und Lohn, und zum andern durch den Niveaubegriff dieses Verhältnisses.

Mit diesen Begriffen haben wir einen spezifisch soziologischen Ansatzpunkt für die empirische Beschreibung der industriellen Organisation gewonnen. Auf solche Weise können in Zukunft genauere Untersuchungen angestellt werden, als es bisher in diesem Gebiete möglich war. Die größere Genauigkeit oder Bestimmtheit ergibt sich ohne weiteres aus der Tatsache, daß fortan jene grundlegenden Lohndeterminanten des Arbeitsaufwandes, der Arbeitsmühe, der Leistungsintensität, der Betriebsdisziplin, des Arbeitstempos u. dgl. nicht mehr als gleichbleibende oder unbekannte Faktoren behandelt zu werden brauchen. Außerdem bieten die Begriffe der Struktur und des Niveaus der relativen Arbeitsmühe die Chance für eine theoretische Analyse der industriellen Organisation, die den Sinn und die Funktion dieser Faktoren im gesamtgesellschaftlichen Zusammenhang verständlich macht. Gewiß ist die empirische Basis dafür noch schmal und lückenhaft. Andererseits wird aber eine Neuorientierung der empirischen Forschung nur dadurch erreicht, daß man mit Hilfe theoretischer Konstruktionen das vorhandene Beobachtungsmaterial zu überschreiten versucht. Wie eingangs erwähnt, ist eine Neuorientierung auch zum Zweck der Koordination industriesoziologischer Einzeluntersuchungen erforderlich. Der Versuch einer Theorie der relativen Arbeitsmühe soll im folgenden Abschnitt unternommen werden.

IV. Das Gesetz der Grenzdisparität

Es gibt zwei Möglichkeiten, eine theoretische Analyse der relativen Arbeitsmühe durchzuführen. Die erste Möglichkeit besteht in einer Analyse der *beruflichen* Struktur des Verhältnisses von Lohn und Mühe innerhalb der Belegschaft eines Betriebes. Die zweite Möglichkeit dagegen liegt in einer Analyse der *betrieblichen* Funktion der relativen Arbeitsmühe im Rahmen des Interessengegensatzes zwischen Unternehmer und Arbeiter. Ohne Zweifel ist dieser betriebliche Aspekt von weitaus größerer Wichtigkeit für die Gestaltung der industriellen Organisation, und er wird deshalb im Mittelpunkt der folgenden Erörterungen stehen. Die berufliche Funktion dagegen werden wir vernachlässigen, d. h. wir setzen voraus, daß allgemein die Arbeitnehmer untereinander, gleichgültig ob sie gewerkschaftlich organisiert sind oder nicht, Unterschiedlichkeiten zwischen guten und schlechten Arbeitsstellen auf ein Minimum zu beschränken suchen. Diese Voraussetzung wird durch die im II. Abschnitt geschilderten Beobachtungen nahegelegt. In der Tat legen die Beobachtungen über den Austausch guter und schlechter Jobs, bzw. reichlicher und knapper Akkorde, die Vermutung nahe, daß die zentrale Bedeutung der betrieblichen Funktion der relativen Arbeitsmühe durch das vordergründige Interesse an der beruflichen Funktion im großen und ganzen verdeckt bleibt. Unsere Aufgabe besteht mit anderen Worten darin, den Schleier zu lüften, mit dem diese Diskrepanzen innerhalb der Arbeiterschaft die Situation einhüllen. Der Interessenkampf zwischen Arbeitgeber und Arbeitnehmer wird damit in schärferem Licht hervortreten.

Wir wir bereits mehrfach angedeutet haben, ist jeder Vergleich von Arbeitsmühe und Lohn auf die Frage eines gerechten Verhältnisses von Lohn und Unternehmergewinn reduzierbar. Die unter den verschiedensten Gestaltungen der relativen Arbeitsmühe immer wieder durchbrechenden Wertvorstellungen des Angemessenen oder Vernüftigen wären unverständlich, wenn sie nicht in irgendeinem Sinne als Ausdruck sittlicher Ansprüche an die Verteilung des Sozialprodukts ausgelegt werden könnten. Dabei interessieren uns nicht die marktmäßigen, sekundären Erscheinungsformen relativer Lohn- und Profitbewegungen. Vielmehr geht es hier allein um den primären Verteilungsprozeß *innerhalb des Betriebes,* denn der Betrieb ist der ursprüngliche Ort, an dem sich die Struktur der relativen Arbeitsmühe verteilungsmäßig auswirkt. In der Werkstatt, in der Fabrikhalle, im Büro, in der Zeche vollzieht sich die entscheidende Auseinandersetzung zwischen Arbeitgeber und Arbeitnehmer über das „richtige" Verhältnis von Mühe und Lohn, obgleich natürlich die normativen Erwartungen, die dieses Verhältnis jeweils bestimmen, teilweise auch von außerbetrieblichen Milieu beeinflußt werden. Niemand wird bezweifeln können, daß der Zusammenhang von Verteilungsprozeß und Arbeitskampf von fundamentaler Bedeutung für jede Theorie der industriellen Organisation ist. Der besondere Vorteil unseres Ansatzpunktes liegt aber darin, daß er es uns ermöglicht, dieses höchst abstrakte und komplizierte Problem an den konkreten Vorgängen der Betriebspraxis und selbst an den banalsten Details im alltäglichen Verlauf des Arbeitslebens aufzeigen zu können.

Im Prinzip ist nun die Anwort auf die Verteilungsfrage ganz einfach: je höher der Lohn und je geringer die Arbeitsmühe, um so vorteilhafter ist die betriebliche Situation für den Arbeitnehmer und umgekehrt für den Arbeitgeber. Denn von Hause aus muß die relative Arbeitsmühe sowohl die Selbstkostenrechnung des Arbeiters wie die des Unternehmers berühren, und zwar *notwendigerweise stets im umgekehrten Sinne.* Wenn eine gegebene Struktur oder Strukturveränderung der relativen Arbeitsmühe „günstig" für den Arbeitnehmer ist, so ist sie „ungünstig" für den Arbeitgeber.

Die theoretische Ableitung dieses an sich so einfachen Zusammenhanges ist jedoch dadurch erschwert, daß die Arbeitsmühe als solche nicht meßbar ist. Wir müssen deshalb annehmen, daß die normativen Erwartungen lediglich zeitliche Veränderungen im Verhältnis von Arbeitsmühe und Arbeitseinkommen zum Ausdruck bringen. Das heißt, wir haben es mit zeitlichen Bewegungen der Arbeitsmühe und des Lohnes zu tun. Wenn sie parallel verlaufen, so können wir damit die Vorstellung der *Parität* von Mühe und Lohn verbinden; konträre Bewegungen lassen sich dementsprechend als *Disparität* bezeichnen. Verändert sich das Verhältnis von Arbeitsmühe und Lohn in einem für die Arbeitnehmer günstigen Sinne, so wollen wir von einer „positiven" Disparität sprechen und im umgekehrten Falle von einer „negativen" Disparität. Auf dieser Grundlage ist beispielsweise ein „gravy-job" das Ergebnis positiver Disparität von Mühe und Lohn, während ein „stinker" durch negative Disparität zustandekommt. Im Arbeitskampf sind somit die Bestrebungen der Arbeitnehmer auf positive Disparität oder zumindest auf Parität ausgerichtet, während es dem Arbeitgeber um die Erhaltung oder Vergrößerung negativer Disparität geht. (Natürlich liegt der Art und Weise, wie wir hier das Kriterium „positiv" und „negativ" verwenden, eine terminologische Annahme zugrunde, die den Gang der theoretischen Ableitung selber nicht berührt.)

Weiterhin läßt sich das Gegenspiel von positiver und negativer Disparität durch Berücksichtigung des Niveaus der relativen Arbeitsmühe präzisieren. Um nämlich zeigen zu können, daß es allein auf die relativen Veränderungen, nicht aber auf die absolute Höhe des Lohnes und der Arbeitsmühe ankommt, brauchen wir lediglich ein bestimmtes Niveau als jeweils gegeben vorauszusetzen. Die Tatsache, daß in einem bestimmten Zeitpunkt das Niveau der relativen Arbeitsmühe nach Beruf, Alter, Geschlecht, Industriezweig usw. sehr unterschiedlich ist, ändert nichts daran, daß zugleich auch überall positive und negative Disparitäten im Verlauf des Arbeitskampfes in Erscheinung treten können.

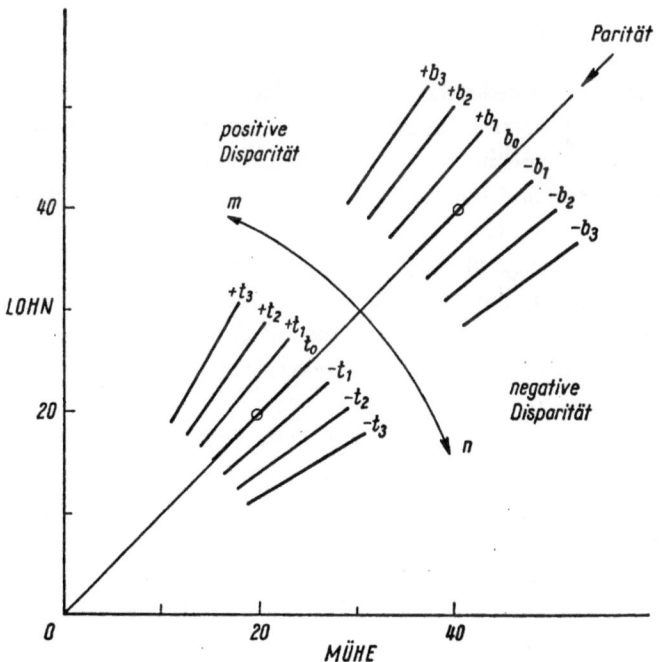

Der Zusammenhang von Niveau und Struktur der relativen Arbeitsmühe läßt sich am besten graphisch veranschaulichen. In dem beigefügten Diagramm lassen sich parallele Veränderungen von Lohn und Arbeitsmühe in schematischer Vereinfachung auf der im Winkel von 45° durch den Nullpunkt laufenden Zentrallinie ablesen: z. B. würde hier eine Verdoppelung der Arbeitsmühe durch Verdoppelung des Lohnes zum Ausdruck kommen. Diese Linie entspricht also dem Prinzip der Parität. Außerdem sieht man zwei willkürlich angesetzte Stahlenbündel (t_1, t_2, b_1 b_2 usw). Jeder dieser Strahlen drückt eine disparitätische Bewegung von Lohn und Mühe aus, und zwar ist die Disparität um so stärker, je weiter ein Strahl von der Zentrallinie entfernt ist. Bei den Strahlen unterhalb der Zentrallinie sind die Disparitäten (vom Standpunkte des Arbeitnehmers) negativ, und oberhalb sind sie positiv. Der Niveaubegriff der relativen Arbeitsmühe wird durch die unterschiedliche Lage der beiden Strahlenbündel illustriert; t_0, t_1, t_2 repräsentiert etwa das Textilgewerbe, wobei die Durchschnittswerte von Lohn und Arbeitsmühe mit 20 Einheiten angesetzt sind, während sie beim Bergbau (b_0, b_1, b_2) wesentlich höher liegen, beispielsweise doppelt so hoch. Ferner zeigt sich die Bedeutung des Niveaus darin, daß die Strahlen eine gewisse Länge haben: t_0 z. B. repräsentiert eine Abstufung des Lohnes und der Arbeitsmühe im Werte von 15 bis 25. Damit soll folgendes angedeutet werden: während die beiden Bündel im ganzen den groben Niveauunterschied zwischen den beiden Industrien veranschaulichen, so besagt jeder einzelne Strahl, daß auch innerhalb eines bestimmten Betriebes eine Anzahl von Arbeitsstellen vorhanden ist, in denen sich feinere Niveauunterschiede ausdrücken. Um weitere Komplizierungen zu vermeiden, haben wir alle Strahlen so gezeichnet, daß sie hypothetisch durch den Nullpunkt laufen. Dies entspricht der Voraussetzung, daß innerhalb des Betriebes die relative Arbeitsmühe auf den einzelnen Arbeitsplätzen einander angeglichen wird.

Die Dimension zeitlicher Veränderungen läßt sich nunmehr in der Weise veranschaulichen, daß wir uns die Strahlen t_0, t_1, t_2, bzw. b_0, b_1, b_2, usw. als aufeinander folgende Zeitpunkte vorstellen. Die Verlagerung von t_0 nach $-t_3$ bedeutet also eine Vergrößerung der negativen Disparität, und die Bewegung von t_0 nach $+t_3$ eine Vergrößerung der positiven Disparität. Dabei unterstellen wir allerdings, daß die berufliche Struktur der relativen Arbeitsmühe unver-

Das Gesetz der Grenzdisparität 55

ändert bleibt. Die Zu- oder Abnahme der positiven oder negativen Disparität an einen bestimmten Arbeitsplatz ist durch den Kreisbogen m, n angedeutet. Unter diesen Gesichtspunkten läßt sich die Auswirkung des Arbeitskampfes unmittelbar aus der graphischen Darstellung ablesen. Verändert sich die Verhandlungsstärke zugunsten des Arbeitgebers, so verlagern sich die Strahlen von links oben nach rechts unten, und in umgekehrter Richtung, wenn die Macht der Gewerkschaften zunimmt. Wird in einer Industrie das System der überhöhten Zeitlöhne eingeführt, so verlagert sich das Strahlenbündel entlang der Zentrallinie nach rechts oben. Der früher erwähnte Fall des englischen Baugewerbes, bei dem die Einführung von Akkordlöhnen durch vorübergehende Gewährung allgemein reichlicher Akkorde „erkauft" wurde, könnte etwa so gedacht werden, daß sich das Strahlenbündel zunächst in Richtung positiver Disparität nach links oben, dann auf ein höheres Niveau nach rechts oben und zuletzt — vermutlich — auch von dort nach rechts unten verschiebt.

Es ist weiterhin ohne weiteres ersichtlich, daß die Fläche unterhalb der Zentrallinie, wo also die Disparität negativ ist, den Bereich des Unternehmergewinns darstellt. Wenn wir z. B. unterstellen, daß normalerweise ein gewisses Spannungsverhältnis zwischen Arbeitsmühe und Lohn besteht, welches einen mäßigen Unternehmergewinn und damit die Rentabilität des Betriebes gewährleistet, so würden sich sämtliche Strahlen unterhalb der Zentrallinie und in geringem Abstande von ihr befinden; auf jedem Punkte dieser Strahlen ist hier der Lohn stets etwas niedriger als die Arbeitsmühe. Die Verteilung des Arbeitsproduktes ist bei einer solchen Struktur der relativen Arbeitsmühe vom Standpunkte des Arbeiters „ungünstig". Im folgenden werden wir diese Situation als Normalfall behandeln; dadurch vereinfacht sich unser Begriffsapparat in der Weise, daß wir die „negative Disparität" von Lohn und Mühe schlechthin als „Disparität" bezeichnen können. Auf eine kurze Formel gebracht, läßt sich daher die bisherige Ableitung so zusammenfassen, daß der Unternehmer um die Vergrößerung der Disparität bemüht ist, während der Arbeiter sie zu verringern sucht.

Unsere Annahme einer „normalen" Situation ist allerdings einem naheliegenden Einwand ausgesetzt: sollte es nämlich zutreffen, daß im allgemeinen eine Disparität zwischen Arbeitsaufwand und -ertrag zuungunsten des Arbeitnehmers besteht, wie ist es dann möglich, daß eine solche Struktur der relativen Arbeitsmühe von Dauer sein kann, also nicht bloß eine vorübergehende „Gleichgewichtsstörung" ist? Allenfalls, so möchte man meinen, könnte sich eine Disparität hier und da in einzelnen, monopolistisch gesicherten Betrieben erhalten, in denen dem Unternehmer eine nicht oder nur schwach organisierte Arbeiterschaft gegenübersteht. Ein verallgemeinertes *System* der Disparität kann man sich schlecht vorstellen. Einwände dieser Art erscheinen um so gewichtiger, als ja gerade die Untersuchungen über die Manipulierung der Akkordlöhne gezeigt haben, daß Konkurrenz und Tauschprinzip über den volkswirtschaftlichen Lohn- und Preisprozeß hinaus bis in die innerbetriebliche Regelung der relativen Arbeitsmühe selbst hinein wirksam sind.

Dieser Argumentation stehen eine Reihe von Beobachtungen und Überlegungen entgegen. Zunächst führt der Tauschhandel um die guten und schlechten Jobs nicht immer, und vor allem nicht notwendigerweise zu einem Ausgleich der gegensätzlichen Interessen. Es kann unter extremen Bedingungen auch zu einem offenen Konflikt kommen, der sich etwa in Streikaktionen oder im organisierten „Bremsen" äußert. Um diesen Fall miteinzuschließen, empfiehlt es sich, zwischen *„übermäßiger"* und *„mäßiger"* (oder „angemessener") Disparität zu unterscheiden. Das heißt, bei einer übermäßigen Disparität ist die Diskrepanz zwischen den tatsächlichen und der als erträglich angesehenen relativen Arbeitsmühe so stark, daß sie unhaltbar wird und zu einem offenen Konflikt führt. Übermäßige Disparitäten weisen daher auf eine prekäre Situation hin. Daraus folgt, daß für eine rationale Betriebspolitik die Disparität zwecks Erhaltung des Arbeitsfriedens noch oben hin begrenzt ist. Andererseits aber muß sie im Dienste der Effizienz und der Wettbewerbsfähigkeit so groß wie wöglich sein. So wird also der Arbeitgeber ein solches Maß an Disparität anstreben, das *gerade noch* den Ausbruch offenen Konfliks verhindert. Die „mäßige", die normalerweise tragbare Disparität liegt dementsprechend zwischen dieser Grenze der Konfliktsgefahr auf der einen Seite und der schon-nicht-mehr-rentablen Parität auf der andern. Damit sind wir in die Lage versetzt, das traditionale Gesetz der Grenzproduktivität durch das der *„Grenzdisparität"* wenn auch vielleicht nicht zu ersetzen, so doch zu ergänzen. Es kann etwa folgendermaßen formuliert werden: das rationale Verhalten des Arbeitgebers ist auf die

Aufrechterhaltung der Grenzdisparität von Arbeitsmühe und Arbeitslohn ausgerichtet.

Zur Erläuterung des Begriffs der Grenzdisparität bedarf es einer breiteren Auslegung des industriellen Interessenkampfes, als sie im allgemeinen üblich ist. Der Streik ist nur die markanteste, nicht aber die einzig mögliche Manifestation industrieller Auseinandersetzungen. Hinzu kommen alle jenen Erscheinungen, die man im angelsächsischen Sprachgebrauch als „industrial unrest" bezeichnet: chronische Fehlschichten, überhöhter Arbeitsplatzwechsel, planmäßiges Bremsen, die Weigerung zusätzliche Arbeitslasten auf sich zu nehmen (z. B. Überstunden) und so fort. Einige dieser Verhaltensweisen werden alternativ einander vertreten können; z. B. hat in englischen Kohlenbergwerken zeitweise eine negative Korrelation zwischen der Häufigkeit inoffizieller Streiks und dem Ausmaß der Fehlschichten bestanden[1]. Im Rahmen dieser erweiterten Perspektive industriellen Konflikts kommt der Grenzdisparität ein größeres Gewicht zu. Denn unter dieser Perspektive liegt die Grenze der noch gerade geduldeten relativen Arbeitsmühe dort, wo wir weder Streikaktionen, noch Fehlschichten oder einen überhöhten Arbeitsplatzwechsel und sonstige Symptome des Arbeitskampfes finden. Umgekehrt können wir sagen, daß das Vorhandensein solcher Konflikterscheinungen auf eine übermäßige Disparität hinweist. Wir haben damit den Begriffsinhalt industrieller Konflikte derart erweitert, daß die übermäßige Disparität des Verhältnisses von Arbeitsmühe und Lohn in einem sehr weiten Sinne als prekär erscheinen muß. Sobald sie in Erscheinung tritt, ist sie schon durch die Gefahr des Streiks, der Zunahme der Fehlschichten, des Bremsens usw. bedroht.

Daraus folgt andererseits, daß die Grenzdisparität selber (also die „mäßige", „angemessene" Disparität) auf einen um so engeren Spielraum beschränkt ist. Müßte sie nicht überhaupt durch die allseitig drohende Konfliktgefahr zum Verschwinden gebracht werden? Hier müssen wir daher nach den *Bedingungen* fragen, unter denen sie zu einem dauerhaften Faktor der industriellen Organisation werden kann. Die erste Bedingung liegt in dem Zusammenhang von vertikaler Mobilität und Verteilung des Sozialprodukts zugunsten einzelner sozialer Schichten. Bekanntlich kann es nach der neoklassi-

---

[1] K. G. J. C. *Knowles*, Strikes: A Study in Industrial Conflict. Oxford 1952, S. 225 f.; ferner A. E. C. *Hare*, The First Principles of Industrial Relations. London 1958, S. 77 ff.

schen Verteilungstheorie ein solches Differential auf die Dauer nicht geben, weil es durch den Marktprozeß auf der Grundlage freier Konkurrenz und ungehemmter ökonomischer und sozialer Mobilität beseitigt werden würde. Jede Theorie, die von einem solchen Standpunkt abweichen will, muß aber diese Behauptung fallen lassen, um im Einklang mit den Ergebnissen der soziologischen Mobilitätsuntersuchungen zu bleiben[2]. Zumindest muß sie unterstellen, daß dem sozialen Aufstieg vom Arbeitnehmer zum Arbeitgeber bestimmte Schranken gesetzt sind. Um diese Voraussetzung möglichst realistisch zu machen, sei darauf hingewiesen, daß eine ungleichmäßig differenzierte Verteilung des Arbeitsprodukts sich keineswegs auf die Gruppen der „Arbeitgeber" und „Arbeitnehmer" im technischen Sinne des Wortes beschränkt. Angesichts der hierarchischen Organisation des industriellen Betriebes ist es realistischer anzunehmen, daß es Hemmungen des Aufstiegs auf jeder Stufe gibt und daß dementsprechend sich die Verteilung des Arbeitsprodukts über die ganze Hierarchie differenziert. Infolgedessen gibt es eine Grenzdisparität der relativen Arbeitsmühe auf jeder Stufe, und zwar jeweils im Vergleich zur nächst höheren Stufe. Die Annahme einer solchen Streuung der Disparität ist zulässig, weil der Begriff prinzipiell jede Art der physischen und seelischen Arbeitsmühe und jegliche Form des Arbeitseinkommens umfaßt.

Die zweite Bedingung liegt in der Eigenart der Grenzdisparität selbst. Auf den ersten Anschein sieht sie wie ein unwägbares Phänomen aus, das dem Zufall wechselvoller Erwartungen und Situationen unterworfen ist. Um also die Grenzdisparität als Ausdruck eines „normalen", systembedingten Zustandes begründen zu können, müssen wir zeigen, daß bis zu einem gewissen Grade ein Mißverhältnis zwischen Arbeitsmühe und Lohn vom Arbeitnehmer als zulässig akzeptiert wird. Die „erträgliche" oder „noch-angemessene" relative Arbeitsmühe wäre demnach eine solche, die durch den Lohn nicht ganz kompensiert wird. Wie reimt sich aber das mit der geläufigen Vorstellung, daß der organisierte Interessenkampf zwischen Unternehmer und Arbeiter eine solche Übervorteilung prinzipiell auszuschließen scheint? Industrielle Konflikte müßten doch

---

[2] Aus der umfangreichen Literatur sei besonders hervorgehoben: D. V. *Glass*, Social Mobility in Britain. London 1954; Ely *Chinoy*, Automobile Workers and the American Dream, New York 1955.

eigentlich auch durch mäßige Disparitäten ausgelöst werden können. Für eine zureichende Antwort auf diese Frage müssen wir auf das moralische Fundament der modernen Industriewirtschaft zurückgreifen. Auf die Rolle vergesellschafteter Erwartungen der *Arbeitsverpflichtung* haben wir oben bereits ausdrücklich hingewiesen (s. S. 30). Es bleibt nur hinzuzufügen, was jedem Soziologen eine geläufige Tatsache ist, daß die industrielle Gesellschaft nicht nur von Interessengegensätzen zerklüftet ist, sondern zugleich ein System gegenseitiger Verpflichtungen darstellt. Diesen generellen Sachverhalt brauchen wir lediglich auf die besonderen Bedingungen der Arbeitsmühe hin zuzuspitzen. Mögen die Arbeitsmühen jeweils noch so „erträglich" sein, in der Sicht des Arbeitnehmers bleiben sie eben doch eine Belastung, die aber als unvermeidliche Pflicht ertragen wird. Die Arbeitspflicht bedingt also ein Verhalten, das sich unabhängig vom Tauschmechanismus des Marktprozesses durchsetzt; sie ist — rational vom Tausch her gesehen — ein Fremdkörper im System der Marktwirtschaft. Denn soweit eine Tätigkeit als Pflicht angesehen wird, bedeutet dies, daß für sie eine tauschwirtschaftliche Entschädigung nicht erwartet wird. Für den Begriff der Grenzdisparität bedeutet es, daß die noch gerade „zulässige" Disparität ein Element der unentgeltlichen Verpflichtung enthält. Aus dieser Pflicht erklärt sich letzten Endes eine Verteilung des Arbeitsprodukts zuungunsten des Arbeitnehmers. Das moralische Kapital der Gesellschaft, der sittliche Zwang zur Arbeit, fließt dem Arbeitgeber als sein privater Profit zu. Daß dieser Umstand dem Arbeitnehmer im allgemeinen nicht bewußt ist, ergibt sich aus der bereits erwähnten Doppelfunktion der relativen Arbeitsmühe (s. oben S. 47): bei einer mäßigen Disparität, die jenseits des industriellen Konfliktes steht, wird die betriebliche durch die berufliche Funktion verdrängt.

In kurzer Zusammenfassung können wir die beiden gesellschaftlichen Bedingungen der Grenzdisparität folgendermaßen formulieren: Die ungleichmäßige Verteilung des Arbeitsprodukts, die in der Grenzdisparität zutage tritt, kann nicht als eine zufällige Begleiterscheinung gewisser Friktionen der Marktwirtschaft bagatellisiert werden. Statt dessen muß sie als ein der industriellen Organisation immanentes Phänomen erklärt werden, das einerseits durch die Schranken der vertikalen Mobilität gegeben ist und andererseits eine eindeutig bestimmte Struktur normativer Erwartungen voraussetzt. Beide Bedingungen determinieren den Verteilungsprozeß bereits dort, wo er seinen logischen Ursprung hat: innerhalb des industriellen Betriebes.

Daraus folgt nun aber keineswegs, daß unter gegebenen gesellschaftlichen Bedingungen die Grenzdisparität unveränderlich ist. Vielmehr ist es so, daß die Aufstiegshemmungen und die unentgeltliche Arbeitsverpflichtung die Größe der Grenzdisparität nur nach oben hin beschränken. Wenn z. B. in einer bestimmten Gesellschaftsstruktur oder in einer bestimmten Berufsschicht die Aufstiegschancen äußerst gering und gleichzeitig das Arbeitspflichtgefühl sehr stark ist, so würde der Grenzpunkt der noch geduldeten Disparität verhältnismäßig hoch liegen: das Potential der Grenzdisparität ist größer als es ansonsten der Fall wäre. Ob es aber tatsächlich dem Arbeitgeber möglich ist, dieses Potential voll auszunützen ist eine andere Frage. Damit kommen wir von den allgemeinen Bedingungen der Grenzdisparität zu ihren spezifischen *Bestimmungsgründen*. Um diese deutlich erkennen zu können, werden wir im folgenden ein bestimmtes Potential als gegeben voraussetzen.

Prinzipiell lassen sich zwei Arten von Bestimmungsgründen unterscheiden, die Arbeitnehmerkontrollen und die Arbeitgeberkontrollen der Grenzdisparität. Genauer gesagt handelt es sich um die „friedlichen" Kontrollmaßnahmen, denn definitionsgemäß liegt die Grenzdisparität jenseits des Kampfes um die übermäßige Disparität. Selbst wenn nämlich die gröberen, destruktiven Formen des Arbeitskampfes, Streik, Bremsen, Fehlschichten usw. nicht angewendet werden, so gibt es dennoch ständig und unvermeidlich eine friedlich geregelte Auseinandersetzung zwischen Arbeitnehmer und Arbeitgeber über das Verhältnis von Arbeitsmühe und Arbeitslohn. Jede der beiden Seiten sucht dieses Verhältnis (innerhalb des gegebenen Potentials der Grenzdisparität) jeweils zu ihren Gunsten zu beeinflussen. Die dafür in Betracht kommenden Kontrollen sind allgemein bekannt und brauchen hier nur insoweit gestreift zu werden, als es zur Vervollständigung unserer Analyse geboten erscheint.

Die Arbeitnehmer besitzen in der gewerkschaftlichen Organisation das wichtigste Kontrollmittel. Die Chance, die Disparität zu verkleinern, hängt hauptsächlich von der relativen Größe, der Homogenität und dem Prestige einer Gewerkschaft ab. Die Chance wird um so größer sein, je mehr die Gewerkschaft in der Lage ist, das Angebot von Arbeitskräften monopolistisch zu kontrollieren. Das bezieht sich nicht nur auf bestimmte Kategorien von Arbeitern, sondern im extremen Falle auch auf die Möglichkeit, das gesamte Arbeitsangebot der Volkswirtschaft im Verhältnis zur Gesamtnachfrage zu beschränken. Hierher gehören jene Bemühungen der Arbeiterbewegung, die auf einen hohen Beschäftigungsgrad, beziehungsweise auf ein System der Vollbeschäftigung abzielen. Denn eine Verknappung des Arbeitsangebots hat zur Folge, daß bei gegebener Arbeitsmühe höhere Löhne durchgesetzt werden können oder bei gegebenem Lohnniveau eine Verringerung der Arbeitsmühe, z. B. durch Arbeitszeitverkürzung, erreicht werden kann. Aber obwohl wir hier mit einem sehr umfassenden Aspekt der Gewerkschaftspolitik zu tun haben, darf man nicht etwa annehmen, daß von diesem Ansatzpunkt aus eine allgemeine Theorie der Gewerkschaftsbewegung konstruiert werden könnte. Einmal sind die auf das Ziel der Parität von Mühe und Lohn gerichteten Bestrebungen nicht auf die gewerkschaftlich organisierten Arbeiter beschränkt; die Parität ist für *jeden* Arbeitnehmer wünschenswert. Zum andern gibt es auch Ziele der Gewerschaftspolitik, die mit dem Verhältnis von Arbeitslohn und Arbeitsmühe gar nichts zu tun haben. Dazu gehört vor allem das Streben nach der Äquität (equity)[3] der Lohnstruktur, d. h. der Versuch die beruflichen und örtlichen Unterschiede der Arbeitsplätze systematisch in den Geldlöhnen zum Ausdruck zu bringen, unabhängig von der Arbeitsmühe. Ferner gehört dazu der Kampf um die Erhöhung der Reallöhne.

Während der gewerkschaftliche Einfluß auf die Grenzdisparität nur einen unter mehreren Aspekten der Gewerkschaftspolitik darstellt, sind die Kontrollmaßnahmen des Arbeitgebers wesentlich umfassenderer Natur. Sie umfassen schlechterdings alles, was in irgendeinem Sinne die Personalpolitik des Betriebs angeht. Im Mittelpunkt steht die Kontrolle der relativen Lohnwerte, die, wie bereits erwähnt, je nach der Art der technischen Organisation verschiedene Formen aufweist (s. oben S. 47). Dabei ist das Ziel immer, das durchschnittliche Arbeitstempo (durch Aufsicht, Fließband usw.) bei gleichbleibender Qualität der Leistung so zu kontrollieren, daß die Leistungsintensität im Verhältnis zum Lohn möglichst groß ist. Die wichtige Rolle, die dabei die Einführung technischer Neuerungen spielt, wird oft übersehen. Es gibt eine große Anzahl soziologischer Untersuchun-

---

[3] Zur Erläuterung des Prinzips der „equity" in der englischen Lohnpolitik vgl. S. 38.

gen über die Einstellung des Arbeiters zum technischen Fortschritt, in denen der Widerstand des Arbeiters gegen neue Produktionsmethoden als ein irrationales Verhalten interpretiert wird. Sobald wir dagegen diese Dinge im Zusammenhang mit der Grenzdisparität sehen, erscheinen sie in einem anderen Licht. Denn da verbesserte Produktionsmethoden ein sehr wirksames Mittel der Kontrolle des Verhältnisse von Arbeitsmühe und Lohn sein können, ist der Widerstand des Arbeitnehmers durchaus rational und auf alle Fälle nicht bloß eine Sache „mangelhafter Kommunikation" zwischen Unternehmer und Arbeiter. Was sich wirklich bei allen Kontrollmaßnahmen dieser Art abspielt, läßt sich mit Hilfe unserer Begriffsbildung auf eine einfache Formel bringen. Die Grenzdisparität wird erhöht und gleichzeitig wird das auf diese Weise veränderte Verhältnis von Mühe und Lohn auf ein höheres Niveau geschoben. Sowohl die durchschnittliche Arbeitsmühe wie der durchschnittliche Verdienst werden erhöht, jedoch wird die Arbeitsmühe gegenüber dem Verdienst stärker erhöht (geometrisch ausgedrückt, werden die Strahlen von links nach rechts und zugleich nach oben verlagert)[4]. In der Praxis bedeutet dies, daß durch Maschinen höheren Wirkungsgrades, durch Fließbandmethoden, durch Automation und allgemein durch eine stärker durchrationalisierte Organisation arbeitsteiliger Prozesse einerseits die Ansprüche an die Leistung des Arbeiters erhöht werden, während andererseits gleichzeitig durch Erhöhung der Zeitlöhne oder mit Hilfe von Akkord- und Prämiensystemen oder Gewinnbeteiligung das durchschnittliche Niveau der Wochenverdienste heraufgesetzt wird. Da nun alles dies vom Standpunkte des Betriebs keinen Zweck hätte, wenn dabei nicht eine Verbesserung der Grenzdisparität herauskäme, so ist der Widerstand des Arbeitnehmers rational begründet, wenngleich er im einzelnen oft auch nur emotional zum Ausdruck kommen mag.

Neben der produktionstechnischen gibt es noch eine Art die Grenzdisparität zu kontrollieren. Sie wird gewöhnlich als „Manipulation" der Arbeitsmotivierung bezeichnet[5]. Hier ist das Ziel des Arbeitgebers, die geistig-seelische Einstellung des Arbeitnehmers

---

[4] Vgl. das Diagramm oben S. 53.
[5] Vgl. C. Wright *Mills*, Contribution of Sociology, a.a.O., S. 214 f.; David *Riesman*, The Lonely Crowd. New Haven 1950, S. 311 ff.; Reinhard *Bendix*, Work and Authority in Industry. New York 1956, S. 202 ff.

nach Möglichkeit so zu beeinflussen, daß seine Leistungsbereitschaft erhöht wird. Das bedeutet eine Verbesserung der Grenzdisparität durch verschiedene Mittel eines Appells an die Loyalität oder den Gemeinschaftsgeist (team-spirit) der Arbeiter auf der Grundlage harmonischer „menschlicher Beziehungen". Daß diese Methoden eine geringere Wirkung haben, als ursprünglich im Anschluß an die Hawthornestudie erwartet wurde, wird heutzutage von den Betriebssoziologen im allgemeinen zugegeben. Allerdings wird die relativ erfolgreichste Maßnahme in diesem Zusammenhang nie erwähnt: die Einführung von Akkord- und Prämiensystemen, Gewinnbeteiligung, Fließband, Automation u. dgl. mit einer Versuchsperiode[6]. Solche Versuchsperioden sind besonders dann erfolgreich, wenn es gelingt, denjenigen Arbeitern eine Schlüsselstellung zu geben, deren Anspruchsniveau verhältnismäßig hoch ist; diese sollen die anderen Arbeiter mitreißen und dadurch eine allmähliche Vergrößerung der durchschnittlichen Grenzdisparität herbeiführen (das Strahlenbündel in unserem Diagramm bewegt sich zunächst nach oben und nach links, und dann erst, auf dem höheren Niveau, nach rechts). Während der Versuchsperiode werden also die konventionellen Normen des angemessenen Verhaltens aufgelockert und sodann im Verlaufe fortgesetzten Experimentierens durch eine veränderte Struktur der normativen Erwartungen ersetzt.

Zusammenfassend ergibt sich, daß bei einem gegebenen Potential der Grenzdisparität deren spezifische Bestimmungsgründe einen *Funktionalzusammenhang* zwischen den Kontrollmaßnahmen der Arbeitnehmer und Arbeitgeber darstellen. Die tatsächliche Gestalt der Grenzdisparität hängt jeweils von der Gesamtwirkung der beiderseitigen Maßnahmen ab. Das Resultat dieses innerbetrieblichen Interessenkampfes, der sich mehr oder weniger am Rande offener Konflikte abspielt, ist in jeder konkreten Situation durch eine große Anzahl von Einzelfaktoren bestimmt. In der vorhandenen Fachliteratur werden solche Situationen gewöhnlich unter dem Gesichtspunkt der jeweiligen Verhandlungsstärke (bargaining strength) der Arbeitgeber und Arbeitnehmer beschrieben. Die Verhandlungsstärke selbst wird hauptsächlich durch Hinweise auf die Arbeitsmarktlage in Verbindung mit der Schlagkraft der Organisation der beiden Parteien erläutert. Meistens wird dabei nicht mehr erreicht als eine beschrei-

---

[6] Vgl. z. B. Charles R. *Walker*, a.a.O., S. 161 ff.

bende Aufzählung unzähliger Faktoren, deren Gesamtwirkung nicht festzustellen ist. In Anbetracht dessen, was wir weiter oben (S. 45) über den Prozeß normativer Verdinglichung gesagt haben, ist aber anzunehmen, daß in absehbarer Zukunft eine stärker strukturierte Analyse möglich werden wird. Dabei wird man die verdinglichten Erwartungen über Lohn und Arbeitsmühe in den Mittelpunkt stellen können, denn wahrscheinlich sind die Erwartungen von großer Bedeutung für die Wirksamkeit der entsprechenden Kontrollmaßnahmen in einer gegebenen Situation.

Es kommt also entscheidend darauf an, auf welche Weise die Arbeitsbedingungen und das Arbeitsentgelt von den beiden Interessengruppen normativ definiert werden. Theoretisch dürfen wir jedenfalls vermuten, daß solche Definitionen im Sinne der Angemessenheit oder Zumutbarkeit wichtiger sind als die tatsächliche Gestalt der Arbeitssituation, wie sie etwa einem neutralen Beobachter erscheint. Eine tatsächliche Veränderung der Situation, z. B. durch Neuregelung der Lohnstruktur oder der Arbeitszeit, beeinflußt das Verhalten der Individuen und der Gruppen allein dadurch, daß diese Dinge immer in einer bestimmten Perspektive interpretiert werden. (Vgl. hierzu Punkt II. der schematischen Übersicht unten S. 83.)

Wenn wir an dieser Stelle auf die einzelnen Phasen der theoretischen Ableitung zurückblicken, so läßt sich der Wesenskern der Theorie der Grenzdisparität auf die folgenden Punkte reduzieren:

(1) Der Ansatzpunkt der Theorie ist das bisher ungelöste Problem des *indeterminierten* Arbeitsvertrages: wie ist es zu erklären, daß die Verträge zwischen Arbeitgeber und Arbeitnehmer keine Bestimmungen über einen so grundsätzlichen und wichtigen Punkt, wie es die Größe des erforderlichen oder angemessenen Arbeitsaufwandes ist, enthalten?

(2) Empirisch gesehen besteht die Antwort darin, daß die beiden Kontrahenten in ihrem Verhalten bestimmte *normative Erwartungen* über eine angemessene Entschädigung des Arbeitsaufwandes durch den Lohn zum Ausdruck bringen; diese Erwartungen sind ein Produkt des gesellschaftlichen Milieus und insofern quasi objektive Faktoren der Arbeitssituation.

(3) Das Prinzip der angemessenen Entschädigung des Arbeitsaufwandes kann als ein *allgemeines* Kriterium für die soziologische

Analyse der Arbeitssituation behandelt werden: es ist unabhängig von der organisatorischen Form der Entlohnung, und es ist theoretisch auch dann anwendbar (zumindest innerhalb der Industriearbeit), wenn es in der Praxis u. U. durch andere Prinzipien (z. B. Arbeitspflicht) verdeckt ist.

(4) Für eine genauere Analyse ist der Begriff der *relativen Arbeitsmühe*, der das jeweilige Verhältnis von Arbeitsaufwand und Arbeitslohn ausdrückt, unentbehrlich; von ihm läßt sich die theoretische Unterscheidung zwischen „Niveau" und „Struktur" der relativen Arbeitsmühe ableiten.

(5) Die *Struktur* der relativen Arbeitsmühe ist für Arbeitnehmer bzw. Arbeitgeber entweder (mehr oder weniger) günstig oder ungünstig

(6) Daraus ergibt sich das Phänomen der *Grenzdisparität* von Arbeitsmühe und Arbeitslohn. Mit diesem Begriff wurde ein Verhältnis zwischen Mühe und Lohn, das vom Standpunkte des Arbeitnehmers zwar ungünstig ist, aber gerade noch toleriert wird, bezeichnet, d. h. es führt nicht zum offenen Arbeitskampf. Während der Arbeitgeber bestrebt ist, die Grenzdisparität nach Möglichkeit zu erhöhen, versucht der Arbeitnehmer sie zu verringern.

(7) Das *Potential* (d. h. die äußeren Schranken) der Grenzdisparität ist durch bestimmte historisch-gesellschaftliche Grundlagen der Arbeitssituation bedingt (z. B. konventionelle Normen der Arbeitspflicht).

(8) Die jeweilige konkrete *Größe* der Grenzdisparität wird hauptsächlich durch die einander entgegengesetzten Kontrollmaßnahmen der Arbeitgeber und der Arbeitnehmer innerhalb einer gegebenen Arbeitssituation bestimmt.

Sicher gibt es noch viele empirische Lücken, die ausgefüllt werden müssen, bevor eine umfassende soziologische Analyse der Struktur der relativen Arbeitsmühe durchgeführt werden kann. Das Gesetz der Grenzdisparität ist jedoch schon im gegenwärtigen Stadium ein unentbehrliches Hilfsmittel für diese Aufgabe. Es ermöglicht uns, die verwirrende Komplexität der industriellen Arbeitssituation von einem einzigen, zentralen Punkte her zu kontrollieren. Der Erkenntniswert des Disparitätsbegriffes liegt darin, daß er eine logisch zwingende Verbindung zwischen dem industriellen Betrieb und seiner institutionellen Umgebung herstellt. Denn sowohl der Lohn wie die Arbeitsmühe sind unlösbar mit der Betriebsgestaltung verknüpft, und gleichzeitig sind diese beiden Komponenten der Disparität zwangsläufig im außerbetrieblichen Milieu verankert; beide sind letzten Endes ein Produkt allgemeiner gesellschaftlicher Bedingungen der industriellen Gesamtentwicklung. Insofern können wir den Anspruch erheben, die von Betriebssoziologen immer wieder beklagte Kluft zwischen den innerbetrieblichen Verhältnissen und deren außerbetrieblicher Umwelt überbrückt zu haben.

V. Grenzdisparität und Vollbeschäftigung

Die praktische Bedeutung einer soziologischen Theorie der Grenzdisparität könnte nur durch genaue Untersuchungen über konkrete Strukturänderungen des Verhältnisses von Arbeitsmühe und Arbeitslohn dargelegt werden. Geeignete Hypothesen ließen sich an verschiedenen Stellen der vorangegangenen Analyse ableiten. Das würde aber über den Rahmen dieser Abhandlung, die den Charakter eines ersten Versuches hat, hinausgehen. Statt dessen müssen wir uns mit dem Hinweis auf einige, besonders sinnfällige Aspekte praktischer Art begnügen. Sie sollen lediglich dazu dienen, die Dynamik solcher Strukturänderungen zu veranschaulichen, um so den Zugriff auf konkrete Probleme zu erleichtern.

Jeder Schritt in Richtung auf eine realistische Anwendung der Theorie muß davon ausgehen, daß in der Betriebspraxis die „Grenze" der Grenzdisparität fließend ist. Die theoretisch überspitzte Feststellung, daß die „übermäßige" Disparität nur vorübergehender Natur sein kann, weil sie offene Konflikte auslöst, darf also nicht zu rigoros ausgelegt werden. Wie jeder weiß, gibt es Teilbetriebe, Unternehmungen und gelegentlich ganze Wirtschaftszweige, in denen „Streiksucht", übermäßige Fehlschichten oder Personalwechsel zu einem Dauerzustand geworden sind. Und da diese Symptome bis zu einem gewissen Grade einander vertreten können, dürfen wir annehmen, daß langfristige übermäßige Disparitäten wahrscheinlich eine größere Rolle spielen, als es auf den ersten Blick scheint. Es müssen also zusätzliche Faktoren am Werke sein, die die Überwindung langfristiger Spannungen erschweren. Leider geben die zahllosen Untersuchungen über einzelne Symptome des Arbeitskampfes und der industriellen Unruhen darüber keine Auskunft. Wir können daher lediglich gewisse Vermutungen aussprechen.

Grundsätzlich können wir sagen, daß die auf Ausgleich und Milderung des industriellen Konflikts gerichtete Betriebspolitik stets im Zusammenhang mit der Gesamtlage des Betriebs betrachtet werden muß. Man darf also nicht in den Fehler verfallen, wie dies oft geschehen ist, fortdauernde Spannungserscheinungen in einem Betriebe als schlechthin unrentabel zu interpretieren; man darf ihre

Kostspieligkeit nicht überschätzen[1]. Es kann unter gewissen Umständen (z. B. bei rapide ansteigender Konjunktur oder unter Bedingungen der Vollbeschäftigung) durchaus lohnend sein, einen sehr hohen Arbeitsplatzwechsel in Kauf zu nehmen, wenn dadurch eine verhältnismäßig starke Disparität aufrechterhalten werden kann; die aus der Disparität stammenden Gewinne können unter solchen Verhältnissen die durch Arbeitsplatzwechsel verursachten Kosten überkompensieren. Ähnlich mag die zusätzliche Ausnutzung fester Kapitalanlagen bei entsprechender Betriebsgröße (excess capacity) so wichtig für eine erhöhte Rentabilität sein, daß sie sich auch dann noch lohnt, wenn Unruhe und Störungen aller Art zu einer ständigen Begleiterscheinung geworden sind: z. B. Nachtarbeit im kapitalintensiven Großbetrieb[2]. Erschwerend kommt hinzu, daß den Betriebsleitungen in ihren Bestrebungen, übermäßige Disparitäten zu vermeiden, bestimmte äußere Schranken gesetzt sind. Von der monetären Seite her macht sich die Zähigkeit der überkommenen Lohnstrukturen hemmend bemerkbar. Der überhöhte Arbeitsplatzwechsel, beispielsweise, betrifft in erster Linie die ungelernten Arbeiter; eine wirklich wirksame Erhöhung ihrer Lohnsätze — bei gleichbleibender Arbeitsmühe — würde alsbald zu entsprechenden Lohnforderungen unter der übrigen Arbeiterschaft führen und damit die Rentabilität gefährden. In Bezug auf die physisch-technische Seite der relativen Arbeitsmühe sind die Grenzen einer ausgleichenden, „rationalen" Betriebspolitik noch enger gezogen. Die Arbeitsbedingungen im Kohlenbergbau mit den heute herrschenden Vorstellungen von menschenwürdigen Arbeitsplätzen in Einklang zu bringen, ist praktisch unmöglich; die Nachtarbeit ist bei den heute geltenden gesellschaftlichen Ansprüchen an ein geordnetes Familienleben und eine möglichst unbehinderte Freizeitgestaltung um jeden Kredit gebracht; jeder Versuch, die technisch-ökonomischen Grundlagen der Massenproduktion und — das heißt zugleich — die seelischen und sozialen Bedingungen der ungelernten und angelernten Arbeiter nachhaltig zu erleichtern, scheitert daran, daß der einzelne Betrieb diese Grundlagen kaum ändern kann, da sie ihm von außen vorgegeben sind. Der einzelne Betrieb kann sie daher selten beeinflussen. Überdies

---

[1] Im Hinblick auf Fehlschichten vgl. dazu H. *Behrend*, Voluntary Absence from Work, in: International Labour Review, vol. 79, 1959, S. 20 ff.

[2] Vgl. J. *McDonald*, a.a.O., passim.

ist der Ursachenzusammenhang zwischen relativer Arbeitsmühe und industriellem Konflikt derart komplex und undurchsichtig, daß eine planmäßige Kontrolle der Disparität durch den Unternehmer von vornherein unmöglich ist. An ihre Stelle tritt das pragmatische Experimentieren mit bescheidenen, behelfsmäßigen Maßnahmen, deren Erfolg zwar unsicher ist, die jedenfalls aber keinen Schaden anrichten können.

Die geschilderten Zusammenhänge treten erst dann in markanter und aktueller Form hervor, wenn grundlegende Veränderungen das Wirtschaftssystem im Ganzen beeinflussen. So konnten in England seit Ende der vierziger Jahre durch die Einführung des Wohlfahrtsstaates bestimmte makro-ökonomische Größen deutlicher beobachtet werden, als das sonst der Fall ist. Dazu gehört in erster Linie die Auswirkung der Vollbeschäftigung, insbesondere die der Überbeschäftigung. In vielen Industriegebieten war zeitweise ein so katastrophaler Mangel an Arbeitskräften aufgetreten, daß die herkömmlichen Mittel der Personalpolitik völlig zu versagen schienen. Infolgedessen befanden sich nicht nur die Gewerkschaften, sondern auch die nichtorganisierten Arbeiter im Kampf um die Grenzdisparität in einer außerordentlich günstigen Verhandlungsposition[3]. Gleichzeitig hatte sich in weitem Umfange ein bedrohliches Anwachsen der Fehlschichten und des Arbeitsplatzwechsels, besonders unter den ungelernten Arbeitern bemerkbar gemacht[4]. Zudem häuften sich die Klagen der Unternehmer über eine allgemeine Lockerung der Arbeitsdisziplin in den Betrieben. Im Zusammenhang damit glaubte man anfangs, daß durch zunehmende Verwendung von Akkord- und Prämienlöhnen oder durch Gewinnbeteiligung eine Sicherung der durch die Vollbeschäftigung gefährdeten Grenzdisparität zu erreichen sei; diese Hoffnung erwies sich jedoch als trügerisch. Nach mancherlei Experimenten wurde schließlich in Regierungskreisen als einzig wirksame arbeitsmarktpolitische Gegenmaßnahme eine planmäßige Wiedereinführung der Arbeitslosigkeit in Erwägung gezogen. Derartige Vorschläge riefen jedoch einen Sturm der Entrüstung hervor, und zwar nicht allein von Seiten der Gewerkschaften, sondern

---

[3] Zum Problem der Vollbeschäftigung vom wirtschaftstheoretischen Standpunkt vgl. Heinz *Haller*, Löhne und Beschäftigung, in: Schriften des Vereins für Sozialpolitik, N.F. Bd. 11, Berlin 1955.

[4] Vgl. W. *Baldamus*, Type of Work and Motivation, British Journal of Sociology, vol. 2, 1951.

weit darüber hinaus auch aus anderen Kreisen. Daran zeigte sich, daß das moralische Recht auf Sicherheit des Arbeitsplatzes bereits ein selbstverständliches Grundrecht geworden war, dessen Einschränkung aus sittlichen Gründen undurchführbar erschien.

In der gleichen Periode hatte sich allmählich eine andere Maßnahme durchgesetzt, von der wenig Aufsehen gemacht wurde, weil sie in ihrer grundlegenden Bedeutung überhaupt nicht erkannt wurde: die Einstellung von farbigen und ausländischen Arbeitern[5]. Das ist nicht etwa eine Politik des Lohndrucks, denn die ständig zunehmende Beschäftigung fremder Arbeitskräfte ist keineswegs auf schlecht bezahlte Stellen beschränkt. Sie hat auch nicht zu Verletzungen oder Umgehungen der Tarifverträge geführt. Und da ein Lohndruck im üblichen Sinne offensichtlich nicht zu befürchten war, so blieb auch der Widerstand der Gewerkschaften geringfügig und vereinzelt. Die Funktion der fremden Arbeiter kann also nicht einfach als die einer „industriellen Reservearmee" gedeutet werden. Ihre wahre Funktion im System der Vollbeschäftigung wird erst dann erkennbar, wenn wir die relative Arbeitsmühe, insbesondere ihre nicht-monetäre Seite, in Betracht ziehen. Im Laufe der letzten Jahre ist es unbestreitbar geworden, daß es sich nur um einen ganz bestimmten Typ von Arbeitsstellen handelt, die den ausländischen Arbeitern zugewiesen werden: nämlich die ungewöhnlich schwere, stumpfsinnige, unsaubere, gefährliche oder erniedrigende Arbeit, die mehr und mehr unter der einheimischen Bevölkerung verpönt ist. Hier zeigt sich besonders deutlich die Rolle der normativen Erwartungen bei der Bewertung der Arbeitsplätze. Einstweilen liegen noch keine Untersuchungen zu der Frage vor, ob die unter den einheimischen Arbeitern verpönte Arbeit von den fremden Arbeitern nur deshalb ertragen wird, weil sie ökonomisch dazu gezwungen sind oder aber weil das Niveau ihrer normativen Erwartungen auf einer niedrigeren bzw. anderen Ebene liegt. Wie dem auch sei, die Besetzung der verpönten Arbeitsplätze durch farbige, ausländische (oder sonstwie unterpriviligierte) Arbeitskräfte deutet auf eine Entwicklung, die nur unter Berücksichtigung der normativen Bewertung der Arbeitsmühe verstanden werden kann. Bei der verpönten Arbeit ist, vom Standpunkt der einheimischen Bevölkerung, die übermäßige

---

[5] Bis zu einem gewissen Grade vergleichbar ist die Einstellung italienischer Arbeiter in der Bundesrepublik; s. Valentin *Siebrecht,* Arbeitsmarkt und Arbeitspolitik. Stuttgart 1956, S. 253 ff.

Disparität so groß, daß relative Lohnsteigerungen die Konflikterscheinungen nur dann beseitigen könnten, wenn sie ungewöhnlich stark wären; dann aber würden sie die bestehende nationale Lohnstruktur radikal zerstören. Das heißt, die Disparität stößt hier bereits an die unverrückbare Schranke der *absoluten* Arbeitsmühe, die keine Lohnerhöhung zu kompensieren vermag (s. oben). Daß die Einstellung fremder Arbeiter eine dauerhafte Lösung des Problems verbürgt, ist jedoch zweifelhaft. Vielmehr müssen wir erwarten, daß auch sie sich früher oder später den allgemein herrschenden Erwartungen der noch erträglichen Arbeitsmühe anpassen werden.

Aus dem Vorstehenden ergibt sich, daß die Bedeutung der Vollbeschäftigung für den Fortschritt soziologischer Erkenntnisse über die industrielle Gesellschaft kaum überschätzt werden kann. Zum ersten Male in der Geschichte der modernen Sozialforschung ist es möglich geworden, Erscheinungen der Arbeitsmotivierung zu beobachten, die vorher durch den „störenden" Faktor der faktischen oder drohenden Arbeitslosigkeit verschleiert waren. Vom Standpunkt der Wissenschaft ist also das System der Vollbeschäftigung eine „experimentelle" Situation im wahrsten Sinne des Wortes. Zunächst einmal war jetzt mit Händen zu greifen, was bisher nur vermutet werden konnte, daß nämlich der industriellen Arbeit durchweg ein Element des von außen her gegebenen Zwanges innewohnt: sobald das Druckmittel der Existenzbedrohung beseitigt ist, verringert sich die Wirksamkeit der betrieblichen Kontrollmaßnahmen der Grenzdisparität. Zum andern lag jedoch das eigentlich Erstaunliche dieser Situation darin, daß mit der Beseitigung des Zwanges das System nicht zusammenbrach. Die Arbeitsdisziplin innerhalb der Betriebe wurde zwar gelockert, nicht aber vollends zerstört; statt dessen führte die durch die Vollbeschäftigung erreichte Sicherheit des Arbeitsplatzes hauptsächlich zu einer Steigerung der Fehlschichten und der Streikaktionen sowie zu einer Zunahme des Arbeitsplatzwechsels. In der unerwartet geringfügigen Erschütterung der innerbetrieblichen Disziplin der Arbeitnehmer offenbarte sich die bisher ungeahnte Wirkungskraft jener normativen Erwartungen, die sich im sittlichen Arbeitspflichtgefühl ausprägen. Mit der Beseitigung der Arbeitslosigkeit offenbarte sich außerdem die Tatsache, daß die Disparität von Arbeitsmühe und -lohn differenziert ist. Sie ist nicht ein gleichmäßig ausbalanziertes Spannungsverhältnis, sondern sie konzentriert sich als übermäßige, und dennoch verhältnismäßig langfristige Disparität in ganz bestimmten Kategorien der industriellen Arbeit. Gemessen an den Symptomen industrieller Unruhen, finden sich übermäßige Disparitäten überall dort, wo die bestehenden Arbeitsbedingungen mit den herrschenden Normen angemessener Disparität unvereinbar geworden sind.

Die theoretische Analyse ist jedoch nicht notwendigerweise darauf beschränkt, einen Begriffsapparat herzustellen, der lediglich Grundlagen für eine zureichende Erklärung dieser Beobachtungen schafft. Wie wir eingangs angedeutet haben, würde unter den gegenwärtigen Verhältnissen eine wertfreie Erklärung keine praktische Bedeutung haben. Unsere Begriffe und Formulierungen sind von vornherein so gewählt worden, daß sie automatisch auf bestimmte Lösungen praktischer Fragen hindrängen. So entstammt der Begriff der Grenzdisparität einer Orientierung, die zwangsläufig auf die Verteilung des Arbeitsprodukts im Sinne eines sittlichen Anspruchs des Arbeitnehmers auf eine möglichst gerechte Verteilung hinweist. Sobald also irgendeine konkrete Verhaltensweise oder Maßnahme der am Verteilungsprozeß Beteiligten in die Perspektive disparitätischer Verhältnisse von Mühe und Lohn gestellt wird, so folgt daraus unvermeidlich eine Stellungnahme zugunsten der Parität. Das bloße Aufzeigen einer Disparität drängt von selbst schon zu ihrer Beseitigung.

Dabei wären etwa folgende Möglichkeiten in Erwägung zu ziehen. Was zunächst die übermäßigen Disparitäten anbetrifft, so bedeuten sie eine ungleichmäßige Verteilung der relativen Arbeitsmühe vor allem unter den Arbeitern selbst. Sofern es sich um gesellschaftlich verpönte Arbeit im Sinne der absoluten Arbeitsmühe handelt, so wird der Ansatzpunkt zu ihrer Beseitigung nicht auf lohnpolitischem Gebiet liegen können. An die Stelle lohnstruktureller Ausgleiche muß daher eine grundlegende Verbesserung des sozialen und ökonomischen Status der unterprivilegierten Arbeitsplätze treten. Das bedeutet u.a. eine einschneidende Verbesserung der technischen Arbeitsbedingungen, was bereits vielfach auf der Grundlage vollautomatisierter Erzeugungsprozesse möglich ist. Es sei hier daran erinnert, weil es oft vergessen wird, daß bisher die moderne erzeugungstechnische Entwicklung fast ausschließlich auf die Freisetzung von Arbeitskräften, nicht aber auf eine humane Gestaltung der Arbeitsbedingungen selbst gerichtet war. Hier lag ursprünglich die Chance der Human Relations Bewegung, die jedoch im Laufe der letzten Jahrzehnte fast ganz und gar bei dem Streben nach Manipulierung der Arbeitsmotivation verspielt wurde. Abgesehen von der Verbesserung der Arbeitsbedingungen können übermäßige Disparitäten auch durch einschneidende Verkürzung der Arbeitszeit — unter Aufrechterhaltung der Durchschnittsverdienste — beseitigt werden. Bisher ist die Möglichkeit der Arbeitszeit*differenzierung* (an Stelle des Lohnausgleichs) u. W. prinzipiell überhaupt noch nicht in Erwägung gezogen worden. Sie würde den Interessenkampf kaum berühren; denn sie bedeutet nicht nur eine Verringerung der Selbstkosten des Arbeitnehmers, sondern auch eine Kostensenkung für den Arbeitgeber, nämlich durch die Verringerung der Fehlschichten, des Bremsens und des Arbeitsplatzwechsels.

Allgemeiner gesehen impliziert jede Disparität, auch die mäßige Grenzdisparität, die Forderung nach einer gerechteren Verteilung der relativen Arbeitsmühe zwischen Arbeitgeber und Arbeitnehmer. Hier wird es sich einstweilen weniger um spezifische Maßnahmen handeln können, als um eine allgemeine Kritik an geläufigen, bzw. erstarrten Vorstellungen über die Möglichkeiten einer verbesserten Organisation der industriellen Verhältnisse. Die Aufgabe einer soziologisch fundierten Kritik besteht darin, diese Erstarrung aufzulockern, indem der öffentlichen Meinung die bestehenden gesellschaftlichen Grundlagen der Industrie zum Bewußtsein gebracht werden. Die besondere Verantwortung der Forschung liegt darin, solche Grundlagen zu kritisieren, die nicht mehr tragfähig sind, von der Praxis aber noch als selbstverständlich hingenommen werden.

Die geistige Umstellung, die zu diesem Zweck erforderlich ist, berührt prinzipiell *jeden* Aspekt des Arbeitskampfes. Am dringlichsten jedoch ist sie gegenwärtig im Bereich der Lohnpolitik, d. h. im Meinungsstreit über die Regelung der Löhne und Arbeitsbedingungen durch die Tarifverträge, Mitbestimmung, Schlichtungswesen und staatliche Eingriffe. Seit langem wird in der Auseinandersetzung darüber der Mangel an zuverlässigen „Kriterien" und „Maßstäben" beklagt, welche die Bewältigung der ungewöhnlichen Kompliziertheit dieser Probleme erleichtern und damit einer rationalen Lohnpolitik den Weg bahnen würden. Drei Maßstäbe lassen sich aus der allgemeinen Konfusion des öffentlichen Meinungsstreites herauslösen: die Richtschnur der Lebenshaltungskosten, das Prinzip der Äquität (equity) der relativen Lohnstruktur und das Kriterium der „Zahlungsfähigkeit" des Unternehmers. Davon ist nur das erste

Merkmal, die Ausrichtung allgemeiner Lohnbewegungen an den Lebenshaltungskosten, einer praktisch zureichenden Auslegung fähig. Der zweite Maßstab, die Äquität der Lohnrelationen, würde durch eine starke Einengung wesentlich brauchbarer werden. Die erforderliche Präzision wäre dadurch zu erzielen, daß nur solche Lohnstrukturen im Sinne einer Äquität als gerecht definiert werden, in denen sich die meßbaren „beruflichen Selbstkosten" des Arbeitnehmers (Ausbildung usw.) widerspiegeln (s. oben S. 38). Alle übrigen Fragen der Lohnstruktur können dann im Sinne der beruflichen Funktion der relativen Arbeitsmühe behandelt werden (s. S. 47). Es ist jedenfalls offensichtlich, daß die notorische Verschwommenheit des Kriteriums der Äquität mit der Vernachlässigung der beruflichen Differenzierung der relativen Arbeitsmühe hervorgerufen wird. Zum Zwecke der Präzision ist es also erforderlich, den Lohn in doppelter Weise zu relativieren: einmal in Bezug auf berufliche Lohnvergleiche, zum andern im Hinblick auf die berufliche Differenzierung der Arbeitsmühe.

Der dritte Maßstab ist absolut unbrauchbar. Er setzt einen Vergleich von Profit- und Lohnbewegungen in bestimmten Firmen oder Industriezweigen voraus, der unter heutigen Verhältnissen nur hoffnungslos vage sein kann. Da eine hinreichend genaue „Zurechnung" des Unternehmergewinnes unmöglich ist, weil sie selbstverständlich auch die — stets unbekannten — Gehälter und Tantiemen der oberen Manager mit einschließen müßte, so ist dieser aus frühindustriellen Vorstellungen überlieferte Gesichtspunkt grundsätzlich auszuschließen. An seine Stelle sollte das Prinzip der Parität von Arbeitsmühe und Arbeitslohn treten. Denn, wie wir gezeigt haben, ist dieses Prinzip viel eher in der Lage, den Anspruch des Arbeitnehmers auf eine gerechte Verteilung des Arbeitsprodukts zum Ausdruck zu bringen. Zweifellos bedarf es dazu weiterer, insbesondere lohnpolitischer Untersuchungen. Die vorstehenden Erörterungen können lediglich die Richtung anzeigen, in welcher eine praktische Lösung dieser Fragen zu suchen ist.

Darüber, daß die gegenwärtige gesellschaftliche Situation sowohl in praktischer als auch in theoretischer Hinsicht eine grundsätzliche Umorientierung fordert, kann kein Zweifel bestehen. Das Zeitalter der einseitig überspitzten Produktivitätseinstellung nähert sich seinem Ende. Die jüngsten Erfahrungen in England beweisen, daß auf die Dauer keine hochentwickelte Industriegesellschaft es sich leisten kann, den sittlichen Anspruch des Arbeiters auf Vollbeschäftigung zu vernachlässigen. So sehr man anfangs auch versuchte, ihn abzuwerten, er setzt sich in dieser oder jener Form immer wieder durch. Die auf größtmögliche Sicherung des Arbeitsplatzes gerichteten Bestrebungen sind indessen nur ein Teilaspekt einer allgemeinen säkularen Tendenz. Denn die einst als selbstverständlich hingenommene Unsicherheit des Arbeitsplatzes ist nur eine unter den vielen Komponenten der Arbeitsmühe. Zunächst bedeutet der säkulare Strukturwandel der gesellschaftlich geltenden Werte, daß generell der Schwerpunkt von der rein pekuniären Entschädigung auf die eigentliche Substanz des Arbeitslebens, auf die Eigenart der Arbeitsmühe, verlegt wird. An Stelle des institutionalisierten Feilschens um allgemeine Lohnzuschläge, Lohndifferenzierungen, Lohnausgleiche, tritt die moralische Bewertung der relativen und der absoluten Arbeitsmühe in den Vordergrund. Die zur Manipulation der Leistungsbereitschaft entfachten Human Relations werden durch die Forderung nach Humanisierung der Arbeitsbelastung ergänzt.

Unter dieser Perspektive erscheint die Entwicklung der modernen Industriegesellschaft in einem wesentlich anderen Lichte, als wir es gewohnt sind. Durch die Konvergenz vieler Einzelfaktoren bildet sich eine Struktur, die trotz ihrer Komplexität in einer Hinsicht ein eindeutiges Gepräge hat: sie läuft auf eine tendenzielle Verringerung des Potentials der Grenzdisparität hinaus. Dabei sind die folgenden Faktoren die wichtigsten.

Die Arbeitsmühe wird in einem zunehmend erweiterten Sinne ausgelegt. Während noch etwa gegen Ende des 19. Jahrhunderts allein die körperliche Arbeitsanstrengung durch den Lohn kompensiert zu werden brauchte, sind mehr und mehr auch die subtilen Faktoren der Nervenbelastung, der Frustrierung und des Arbeitsüberdrusses hinzugekommen. Überdies wird gelegentlich die Forderung erhoben, das Arbeitsentgelt müsse auch für die Unsicherheit des Arbeitsplatzes entschädigen. Im Falle verpönter Arbeiten erwartet man eine zusätzliche Entschädigung für den niedrigen Berufsstatus solcher Tätigkeiten. Gleichzeitig vollzieht sich innerhalb jedes dieser Elemente der industriellen Arbeit eine qualitative Aufwertung: das was an Arbeitsermüdung, Stumpfsinn, Unsicherheit usw. vor wenigen Jahren noch als erträglich akzeptiert wurde, ist heute schon unannehmbar. Diese säkulare Tendenz zur „Aufwertung" der Arbeitsmühe ist in ihrer allgemeinen Strukturbedeutung schwer zu erfassen, weil sie sich in ganz verschiedenen Aspekten gleichzeitig manifestiert. Sie umfaßt die zunehmende Bevorzugung „leichter" und „sauberer" Arbeit, die ständige Forderung nach weiterer Verkürzung der Arbeitszeit, die steigende Kritik am Betriebszwang, die erhöhten Ansprüche an Erwerbssicherheit, die Erwartung einer allgemeinen Verbesserung des Berufsstatus der Industriearbeit und vieles mehr. Alles dies kommt einer Aufwertung der Arbeitsmühe insofern gleich, als es ceteris paribus eine Steigerung des Angebotspreises der Arbeit bedeutet. Die normativen Erwartungen eines höheren Preises für die Arbeitsmühe müssen aber ihrerseits eine Verkleinerung des Potentials der Grenzdisparität zur Folge haben. Der mögliche Einwand, in Wahrheit sei die Arbeitsmühe ständig verringert worden, weil die durchschnittliche Arbeitszeit unaufhaltsam verkürzt und die schwere Arbeit mehr und mehr durch leichte Arbeit ersetzt worden ist, schlägt nicht durch. Denn es kommt nicht auf die tatsächliche Gestalt der Arbeitssituation an, sondern nur auf ihre wertmäßige Definition von seiten der Arbeiterschaft. Gewiß hat sich tatsächlich, vom Standpunkt des außenstehenden Beobachters, die Arbeitslast dauernd verringert; im Sinne der normativen Erwartungen der Arbeiter dagegen hat sie sich nichtsdestoweniger erhöht.

Der gleiche Unterschied muß bei der säkularen Entwicklung der Löhne in Ansatz gebracht werden. Die Reallöhne sind im Trend seit Ausgang des 19. Jahrhunderts gestiegen. Unabhängig davon ist aber auch die normative Bewertung des Arbeitsentgelts ständig gesunken, und zwar deswegen, weil die Ansprüche des Arbeiters an eine „angemessene" Lebenshaltung fortlaufend gewachsen sind. Je höher und vielgestaltiger die Bedürfnisse sind, um so niedriger ist mutatis mutandis der Wert des Lohnes. Diese Tendenz zeigt sich nicht nur in den erweiterten Ansprüchen des Industriearbeiters auf eine „bürgerliche" Existenz, sondern ebenso auch in der heute bereits institutionalisierten Ablehnung von Lohnsenkungen. Es gibt also vier große Entwicklungstendenzen, von denen sich je zwei paarweise gegenüber stehen: Die Arbeitsbedingungen haben sich verbessert, die Reallöhne sind gestiegen; *wertmäßig*, in der Definition des Arbeiters, aber haben sich beide verschlechtert. Allem Anschein nach reicht diese Entwicklung über die Gegenwart hinaus.

Was für einen Einfluß diese Tendenzen auf die zukünftige Gestalt der industriellen Organisation haben werden, läßt sich kaum ermessen, weil wir gegenwärtig noch viel zu wenig darüber wissen. Aber vielleicht ist es am Ende unserer Untersuchung statthaft, für einen Augenblick den Boden nachprüfbarer Thesen zu verlassen, um einige Spekulationen zu äußern. Vorausgesetzt, daß die erwähnte Entwicklung der normativen Erwartungen der Arbeiter im wesentlichen unverändert bleibt, so ließe sich in nicht allzu ferner Zukunft ungefähr folgende Situation prognostizieren.

Da nur noch die sozialen Aufstiegsschranken, nicht aber die drohende Arbeitslosigkeit den Betriebszwang untermauern, hat sich innerhalb des Betriebes die Stellung des Arbeitnehmers gegenüber dem Arbeitgeber weiterhin verstärkt. Der offizielle Streik, der ohnehin mit dem zunehmenden Verantwortungsbewußtsein der großen Gewerkschaftsverbände viel an Bedeutung verloren hat, ist nicht mehr die wichtigste Waffe des Arbeitskampfes. Am wirksamsten sind jene betrieblichen Kontrollmaßnahmen der Arbeiterschaft, die sich unmittelbar auf die Struktur der relativen Arbeitsmühe beziehen. So ist jetzt die bewußte Manipulierung der Leistungsbereitschaft eine legitime Maßnahme in der Auseinandersetzung mit dem Unternehmer. Das Bremsen und die Mogelsysteme der Akkordarbeit sind vollends in den Bereich sittlich zulässiger Kontrollen des Arbeitstempos und der Durchschnittsverdienste gerückt. Und während Krankheit allein ein legitimer Grund des Nichtarbeitens war, sind jetzt auch die auf unzureichender Motivation (z. B. auf Arbeitsunlust) beruhenden Fehlschichten moralisch nicht mehr verwerflich. Ähnlich ist der Arbeitsplatzwechsel moralisch auch dann gerechtfertigt, wenn er nicht „unvermeidlich" ist, sondern durch Abneigung gegen verpönte Arbeitsplätze oder unbeliebte Vorgesetzte motiviert ist. Alles in allem hat die bewußte Beschränkung der Leistung den Charakter des spontanen, dumpfen Widerstandes gegen die Disparität von Mühe und Lohn verloren und ist statt dessen zu einem offen bekundeten, legitimen und planmäßigen Bestandteil der Verhandlungen über die angemessene Arbeitsentschädigung geworden.

Mit dieser Entwicklung hat sich das Prinzip der Arbeitsaufwands-Entschädigung voll entfaltet. Die Auseinandersetzung zwischen Unternehmer und Arbeiter betrifft dabei ausschließlich das manipulierbare *Verhältnis* von Aufwand und Entschädigung, nicht jedoch die *Institution* dieses vergleichenden Abwägens der beiden Variablen. Wird es dabei bleiben? In dem Maße, wie die Funktion der relativen Arbeitsmühe stärker bewußt wird, erhöht sich auch die Wahrscheinlichkeit, daß schließlich einmal das Prinzip der Aufwandsentschädigung selbst in Frage gestellt wird. Denn die zunehmende Durchrationalisierung der Arbeitskontrollen veranlaßt nicht nur den Arbeitgeber, sondern früher oder später auch den Arbeitnehmer, die verborgenen psychologischen und institutionellen Grundlagen dieses Prinzips transparent zu machen. Früher oder später wird er die Entdeckung machen, daß der Beziehung von Mühe und Lohn durchaus nicht eine logische Notwendigkeit innewohnt. Man wird dann herausfinden, daß es in Wahrheit nur eine historisch zufällige, kulturelle Beziehung ist. Die Frage, welcher Verdienst für welches Maß des täglichen Arbeitsüberdrusses moralisch angemessen sei, führt unvermeidlich zu der radikaleren Frage: hat diese merkwürdige Kalkulation überhaupt einen Sinn, wenn doch das Angemessene zuletzt immer nur eine Sache der hier oder dort zufällig üblichen, gewohnheitsmäßigen Konventionen ist?

In der Tat ist es erstaunlich, daß sich die Institution der Aufwandsentschädigung verhältnismäßig gut bewährt hat. Ihre gesellschaftliche Aufgabe im Rahmen einer produktionstechnisch ausgesprochen dynamischen Wirtschaft besteht darin, das gesamtindustrielle Angebot an zumutbarer Arbeitsmühe den fortgesetzten Schwankungen der Nachfrage unmittelbar und schnell anzupassen. Eigentümlicherweise liegt aber gerade in dieser Funktion auch der innerlich widerspruchsvolle Charakter der Institution begründet. Jede Verbesserung der Produktionsmethoden, jedes Wachstum der Gütererzeugung bedingt ein verändertes Niveau und zugleich eine neue Struktur der relativen Arbeitsmühe. Jede Maßnahme dieser Art erfordert, daß das gewohnheitsmäßige Fundament der konventionellen Struktur zunächst zerstört und danach, auf einem anderen Niveau, durch den Vorgang des pragmatischen Experimentierens wieder aufgebaut wird. Insofern ist dem System eine dauernde Erschütterung seiner eigenen Grundlagen immanent. Je schneller und je intensiver der produktionstechnische Fortschritt, um so prekärer ist das Funktionieren dieser Institution. Der innere Widerspruch liegt also darin, daß das Niveau der relativen Arbeitsmühe variabel, seine Struktur dagegen stabil sein muß. Der Widerspruch wird sich um so stärker bemerkbar machen, je mehr bei unverminderter Wachstumsrate der industriellen Produktion die normativen Aspekte des Aufwandsprinzips institutionalisiert werden.

VI. Synopsis

Das Ziel, das wir uns am Beginn dieser Studie setzten, war das Problem der gerechten Verteilung des industriellen Arbeitsproduktes. Durch verschiedene empirische und theoretische Betrachtungen konnten wir zeigen, daß die Frage der gerechten Verteilung tatsächlich von entscheidender Bedeutung im gegenwärtigen Stadium der industriellen Gesellschaft ist. Infolge der heute überall vorherrschenden Produktivitätsideologie wird dieser Tatbestand im allgemeinen übersehen. Im Endeffekt ergab unsere Untersuchung, daß das Verteilungsproblem in einer ganz spezifischen, bisher unbeachteten Form aktuell ist, nämlich in der Form einer differenzierten Struktur des Verhältnisses von Arbeitsmühe und Arbeitslohn: jede Veränderung dieses Verhältnisses muß zwangsläufig und fundamental die Interessen des Arbeitgebers und des Arbeitnehmers im gegenläufigen Sinne beeinflussen. Man kann die Eigenart des neuen Verteilungsproblems am besten dadurch kennzeichnen, indem man es mit einer älteren Variante kontrastiert. Gegen Ende des 19. Jahrhunderts etwa hatte sich weitgehend der Standpunkt durchgesetzt, daß die „funktionale Distribution" des Nationaleinkommens im wesentlichen durch den Kampf zwischen „Kapital und Arbeit" und damit durch das Verhältnis zwischen Profit und Lohn bestimmt ist. Dabei herrschte die Ansicht vor, daß trotz einer offensichtlichen Benachteiligung des Arbeiters gegenüber dem Unternehmer doch gerade das dynamische Element des Profitstrebens und des freien Wettbewerbs zu einem unaufhaltbaren Wachstum des Sozialprodukts führen müsse, wodurch sich indirekt auch die materielle Lage der unterpriviligierten Schichten fortlaufend und nachhaltig verbessern würde. Da inzwischen das auch eingetreten ist, wird heute dieser rein ökonomische Aspekt der Verteilung des Sozialprodukts kaum noch beachtet. Statt dessen regeln sich die Beziehungen zwischen Arbeitgeber und Arbeitnehmer nach dem Prinzip einer gerechten Entschädigung der Arbeitsmühe (oder, allgemeiner gesagt, des Arbeitsaufwandes). Jede Entschädigung der Arbeitsmühe durch den Lohn, gleichgültig ob es sich um Akkordlöhne oder Stundenlöhne handelt, wird von moralischen Ansprüchen auf ein „angemessenes",

„zumutbares" oder „vernünftiges" Verhältnis von Lohn und Mühe beherrscht. Die jeweilige Struktur dieses Verhältnisses beeinflußt aber nicht nur die relativen Lohnunterschiede von Arbeiter zu Arbeiter, sondern zugleich auch die potentielle Größe des Unternehmergewinns: je niedriger der Lohn im Verhältnis zur Arbeitsmühe, um so größer ist das Potential des Unternehmergewinns. Ein weiteres Merkmal des neuen Verteilungsproblems liegt darin, daß es hier nicht allein auf die tatsächliche Gestaltung der Arbeits- und Lohnbedingungen ankommt, sondern vor allem auf die normativen Erwartungen, mit denen diese Faktoren als angemessen oder unangemessen interpretiert werden. Die Normen eines angemessenen, zumutbaren Verhältnisses zwischen Arbeitsmühe und Arbeitsentgelt sind je nach der Art des Betriebes, des Wirtschaftszweiges und der Zusammensetzung der Belegschaft gesellschaftlich strukturiert, und obwohl sie säkularen Veränderungen unterliegen, erweisen sie sich in einem gegebenen Zeitpunkt als eine überraschend stabile Grundlage des Verteilungsprozesses.

Indem wir die Frage der Verteilung in den Mittelpunkt unserer Erörterungen stellten, wurde es möglich, die Perspektive der konventionellen Betriebssoziologie in mehrfacher Hinsicht zu erweitern: an die Stelle des isolierten Betriebs tritt die industrielle Organisation; die informelle Gruppe der Arbeiter spielt nur noch eine untergeordnete Rolle im Rahmen der Faktoren der betrieblichen und außerbetrieblichen Arbeitssituation; die Ziele und Maßstäbe der Lohnpolitik, die großenteils durch normative Erwartungen bestimmt sind, werden genau so von Bedeutung wie die Motive der menschlichen Arbeit; der institutionelle Konflikt zwischen Arbeitgeber und Arbeitnehmer erscheint zumindest ebenso wichtig wie die Manipulierung der kooperativen menschlichen Beziehungen im Betrieb; die technisch-ökonomischen Variablen der Betriebsorganisation sind nicht mehr ein bloßes Datum, sondern ein legitimes Problem für die soziologische Forschung, denn auch sie sind ein Gegenstand gesellschaftlich strukturierter Erwartungen.

Diese Erweiterungen des industriesoziologischen Problemkreises führte zu einer beträchtlichen Komplizierung, die wir nur dadurch bewältigen konnten, daß wir uns willkürlich auf einen bestimmten, allerdings strategisch wichtigen Querschnitt durch die Gesamtstruktur der industriellen Organisation konzentrierten, nämlich auf die Disparität von Arbeitsmühe und Arbeitslohn. Auf diese Weise konnte eine theoretisch isolierende und zugleich verallgemeinernde Analyse durchgeführt werden. Sie erleichterte das Zustandekommen von Erkenntnissen über die Beziehungen zwischen Arbeitgeber und Arbeitnehmer, die bei einer lediglich beschreibenden Akkumulation von Tatsachenmaterial verdeckt bleiben würden. Die theoretisch überspitzte Formulierung unserer Ergebnisse führte zu einer Unterscheidung zwischen „Niveau" und „Struktur" des Verhältnisses von Arbeitsmühe und Lohn. Auf diese Weise konnten wir das eigentlich wichtige Problem, die Struktur dieses Verhältnisses, von den störenden Erscheinungen unterschiedlicher Lohnniveaus und variabler Arbeitsbedingungen abtrennen. Die weitere Analyse führte zum „Gesetz der Grenzdisparität": im rationalen Verhalten der Unternehmer und der Arbeiter wird ein solches Maß an Disparität zwischen Arbeitsmühe und Arbeitsentgelt angestrebt, das gerade noch zumutbar ist, ohne einen offenen Konflikt auszulösen.

Die fundamentale Bedeutung der Grenzdisparität für die industrielle Organisation ist besonders markant im System der Vollbeschäftigung. Sobald der äußere Zwang zur Arbeit mit der Beseitigung der Arbeitslosigkeit verschwindet, lassen sich die Ansprüche des Arbeiters leichter durchsetzen. Das gilt in erster Linie von den Ansprüchen auf ein günstiges Verhältnis von Arbeitsmühe und Lohn. Das Potential der Grenzdisparität wird von allen Seiten her bedroht: durch die verbesserte Verhandlungsposition der Gewerkschaften im Lohnkampf, durch das Anwachsen inoffizieller Streikaktionen, durch die Zunahme der Fehlschichten und des Arbeitsplatzwechsels. Um so stärker kommen auch gewisse säkulare Tendenzen zum Ausdruck, die auf einen verbesserten Berufsstatus des Industriearbeiters, auf fortgesetzte Arbeitszeitverkürzung, größere Erwerbssicherheit, gesteigerte Lebenshaltung und dgl. hinauslaufen.

Die Analyse der Grenzdisparität bietet also eine Möglichkeit, die mannigfaltigsten Einzelfragen der gegenwärtigen industriellen Organisation auf den gemeinsamen Nenner eines umfassenden Grundproblems zu reduzieren. Abschließend muß nun jedoch betont werden, daß vom Standpunkt der allgemeinen industriellen und ökonomischen Soziologie auch eine weniger rigorose, aber immer noch ausreichend systematische Auffassung möglich ist. Diese prinzipielle Möglichkeit ist in der folgenden schematischen Übersicht der wichtigsten Variablen unserer Analyse angedeutet. Aus ihr ergibt sich unmittelbar, daß die Disparität von Arbeitsmühe und Arbeitslohn ein Resultat nur ganz bestimmter Konstellationen der relevanten Variablen ist (vgl. die Rubriken IV. 6, 7, 8 und 9 in der schematischen Übersicht); allerdings sind diese vom Gesichtspunkt des Arbeiters ungünstigen Konstellationen praktisch besonders wichtig. Außerdem mag die umfassende Zusammenstellung aller grundsätzlich möglichen Situationen dazu dienen, die Formulierung zusätzlicher Hypothesen für die weitere Erforschung der industriellen Organisation zu erleichtern.

Schematische Übersicht der wichtigsten Variablen der Arbeitssituation

I. Allgemeine (historische) Grundlagen der Arbeitssituation

1. Gesellschaftliche Grundlagen
   a) Grad der vertikalen Mobilität
      aa) die tatsächlichen Aufstiegschancen
      bb) konventionelle gesellschaftliche Definitionen der Aufstiegschancen
   b) konventionelle gesellschaftliche Definitionen der Arbeit und des Lohnes (z. B. Erwerbsstreben; Arbeitspflichtbewußtsein; Produktivitätsorientierung; Grad der Bewußtheit der Arbeitsmühe; Legitimität des Vergleichs von Arbeitsmühe und Lohn; Legitimität des Streiks, des Bremsens, der Fehlschichten, des Arbeitsplatzwechsels usw.; prinzipielle Ablehnung oder Anerkennung des Akkordsystems, der Gewinnbeteiligung usw.)

2. Ökonomische, technische, rechtliche und politische Grundlagen (z. B. ökonomische Gesamtlage, insbesondere Beschäftigungsgrad, Konjunkturlage usw.; produktionstechnische Entwicklung; Stärke und Umfang der gewerkschaftlichen Organisation; Entwicklungsstand tariflicher Lohnregelung; Schlichtungswesen, Mitbestimmung und staatliche Regelung der Löhne und der Arbeitsbedingungen; politische Representation der Arbeiterinteressen usw.)

II. Spezifische Bestimmungsgründe der Arbeitssituation

1. Bestimmungsgründe der Arbeitsmühe
   a) Bestimmungsgründe der *tatsächlichen* Arbeitsmühe: Variationen der organisatorischen, ökonomischen und technischen Faktoren des industriellen Betriebes (z. B. Gestaltung der Arbeitszeit, des Arbeitstempos und der Produktionsmethoden)
      aa) diesbezügliche Kontrollmaßnahmen des Arbeitgebers (z. B. Aufsichts- und Lohnmethoden; Grad der Automatisierung der Produktion; Manipulation der Arbeitsmotivierung)
      bb) Gegenmaßnahmen der Arbeitnehmer, durch gewerkschaftliche Vertretung oder unabhängig davon (verschiedene Formen des Arbeitskampfes, soweit er sich auf die Gestaltung der Arbeitsbedingungen bezieht, z. B. Streikaktion zur Durchsetzung von Arbeitszeitverkürzungen)

b) Bestimmungsgründe der *normativen Bewertung* der Arbeitsmühe: normative Erwartungen über den zumutbaren Grad der Arbeitsermüdung, der Langweile, der Unsicherheit und der Schwierigkeit der Arbeit; normative Erwartungen über die Angemessenheit des Arbeitstempos, des Betriebszwanges und der Arbeitszeit, teilweise bedingt durch Berufsstand, Ausbildung, soziale Abkunft, Alter, Geschlecht und Familienstand des Arbeiters

2. Bestimmungsgründe des Arbeitslohnes

   a) Bestimmungsgründe des *tatsächlichen* Lohnes: betriebliche und öffentliche Lohnpolitik; Lohnstruktur; Lebenshaltungskosten; relative Stärke der Arbeitgeber- und Arbeitnehmerverbände; ökonomische Lage des Betriebs usw.

   aa) diesbezügliche Kontrollmaßnahmen des Arbeitgebers (z. B. Manipulierung reichlicher und knapper Akkordsätze; System der überhöhten Zeitlöhne)

   bb) Gegenmaßnahmen der Arbeitnehmer, mit oder ohne Einfluß der Gewerkschaften (Manifestationen des Arbeitskampfes soweit er sich auf Lohngestaltung bezieht, z. B. Streik, Bremsen, Sabotage usw.)

   b) Bestimmungsgründe der *normativen Bewertung* des Lohnes: standesgemäßer Lebensstandard, kulturelle Standards und Konsumnormen je nach Berufsstand, Ausbildung, soziale Abkunft, Alter, Geschlecht, Familienstand, Familiengröße usw.

III. Das Niveau von Arbeitsmühe und Lohn

1. Niveauunterschiede von Mühe und Lohn zu einem gegebenen Zeitpunkt nach Wirtschaftszweig, Wirtschaftsgebiet, Betrieb und Arbeitsplatz

2. Zeitliche Veränderungen des Niveaus von Arbeitsmühe und Lohn, soweit sie für die Struktur des Verhältnisses von Arbeitsmühe und Lohn nicht relevant sind (z. B. bei proportionalen Veränderungen von Mühe und Lohn): säkulare Tendenz der Arbeitszeitverkürzung und der physischen Erleichterung der Arbeit; säkulare Steigerung der Reallöhne; säkulare normative „Aufwertung" der Arbeitsmühe; säkulare Tendenz der normativen Entwertung des Lohnes

IV. Die Struktur des Verhältnisses von Arbeitsmühe und Lohn. (Ein bestehendes Verhältnis von Mühe und Lohn kann sich durch Veränderungen *entweder* der tatsächlichen *oder* der wertmäßigen Form der unter II. aufgezählten Bestimmungsgründe wandeln; zum Zwecke der

Vereinfachung ist jedoch im folgenden diese Unterscheidung nicht berücksichtigt worden. Aus dem gleichen Grunde ist hier auch der oben S. 47 behandelte Gegensatz der beruflichen und betrieblichen Funktion der relativen Arbeitsmühe vernachlässigt worden.) — Eine gegebene Struktur kann folgendermaßen verändert werden:

1. Lohn steigt, Arbeitsmühe sinkt (praktisch irrelevant)
2. Lohn steigt, Arbeitsmühe bleibt unverändert (z. B. als Folge technisch bedingter Produktivitätssteigerung)
3. Lohn bleibt unverändert, Arbeitsmühe sinkt (z. B. durch Arbeitszeitverkürzung)
4. Lohn steigt, Arbeitsmühe steigt weniger als proportional (z. B. „progressives" Akkordsystem; häufig auch während der Versuchsperiode beim Übergang vom Zeitlohn zum Stücklohn)
5. Lohn sinkt, Arbeitsmühe sinkt mehr als proportional (u. U. bei Konjunkturrückgang)
6. Lohn steigt, Arbeitsmühe steigt überproportional („degressives" Akkordsystem; ferner bei Einführung „überhöhter" Zeitlöhne)
7. Lohn sinkt, Arbeitsmühe sinkt weniger als proportional (z. B. Akkordschere)
8. Lohn bleibt unverändert, Arbeitsmühe steigt (vor allem durch die „Aufwertung" der Arbeitsmühe im Sinne höherer Ansprüche an leichte, sichere und angenehme Arbeit und durch die Verpönung bestimmter Arbeitsbedingungen; außerdem gehört hierher die Auswirkung der manipulierten Arbeitsmotivation der human relations Bewegung)
9. Lohn sinkt, Arbeitsmühe bleibt unverändert (z. B. durch Entwertung des Lohnes infolge steigender Ansprüche an die Lebenshaltung; ferner der Fall des nicht wettbewerbsfähigen Grenzbetriebes bei allgemeinem Konjunkturrückgang)
10. Lohn sinkt, Arbeitsmühe steigt (praktisch irrelevant).

Printed by Libri Plureos GmbH
in Hamburg, Germany